Kampf der Kulturen im Kosovo?

Huntingtons Theorie und die Schlacht um das Amselfeld

von

Wolfgang Klinghammer

Tectum Verlag
Marburg 2002

Die Deutsche Bibliothek - CIP-Einheitsaufnahme

Klinghammer, Wolfgang:
Kampf der Kulturen im Kosovo?.
Huntingtons Theorie und die Schlacht um das Amselfeld.
/ von Wolfgang Klinghammer
- Marburg : Tectum Verlag, 2002
ISBN 3-8288-8365-6

© Tectum Verlag

Tectum Verlag
Marburg 2002

INHALT

EINLEITUNG 7

1. DER „CLASH OF CIVILIZATIONS": HUNTINGTONS ANSATZ 13

1.1. Begriffsklärungen 13

1.2. Zur Methodik 18

2. DER „CLASH OF CIVILIZATIONS" IN DER DISKUSSION 21

2.1. Das COC-Modell im Rahmen der bisherigen Publikationen Huntingtons 21

2.2. Ansatzpunkte von Kritik und Reaktionen Huntingtons 23

3. ZUR ROLLE VON RELIGION UND KULTURELLER IDENTITÄT AUF DEM BALKAN 33

3.1. Die Albaner 35

3.2. Die serbisch-orthodoxe Kirche 39

3.3. Der Balkan und der Panslawismus 42

3.4. Die Amselfeldschlacht als serbischer Nationalmythos 44

4. DER KRIEG UM DAS KOSOVO – EIN BRUCHLINIEN-KRIEG? 47

4.1. Zum Zerfall Jugoslawiens 47
    4.1.1. Die Instrumentalisierung des Nationalismus 48
    4.1.2. Der internationale Druck 51

4.2. Das Kosovo als serbische Provinz 55
    4.2.1. Demographische Wandlung und innere Konflikte 55
    4.2.2. Die Stellung des Kosovo im jugoslawischen Staatsgebilde 57

4.3. Verhalten der Akteure während des Konfliktverlaufs 58
    4.3.1. Akteure innerhalb Jugoslawiens 59
    4.3.2. Die Region: kulturelle Fronten? 68
    4.3.3. Die internationale Politik 79

5. FAZIT: MÖGLICHKEITEN UND GRENZEN DES COC-MODELLS 97

6. AUSBLICK 109

LITERATUR 111

Einleitung

Samuel P. Huntingtons Theorie des „Clash of Civilizations"[1] (COC), eines globalen Konfliktes der Kulturkreise, löste eine umfangreiche, teils normativ geprägte Diskussion aus. Diese veranlaßte den Autor, sein Modell einer von Kulturzugehörigkeit geprägten internationalen Politik zu konkretisieren und zu vertiefen. Das im Aufsatztitel anfangs vorhandene Fragezeichen entfiel - hinzu kamen Statistiken, Schaubilder und historische Betrachtungen, um die Thesen zu untermauern. Huntington beansprucht nicht weniger, als ein neues Paradigma entworfen zu haben, das besser als andere Erklärungsansätze in der Lage sein soll, die Konfliktlinien zukünftiger Auseinandersetzungen aufzuzeigen und zu erklären. An diesem hohen Anspruch muß sich sein Modell messen lassen.

An Versuchen, das internationale politische System nach Ende der Bipolarität des Kalten Krieges zu beschreiben, hat es nicht gefehlt. Das „Ende der Geschichte"[2] einerseits und der COC andererseits sind nur zwei Beispiele für das von Unsicherheit geprägte politische Denken nach dem - von den meisten Beobachtern für unmöglich gehaltenen - Zerfall des sozialistischen Blocks. Sicherlich ist es noch zu früh, die Bedeutung der Ereignisse seit 1989 und ihre Auswirkungen auf das internationale politische System historisch beurteilen zu können. Die Analyse von Konflikten kann jedoch zumindest Hinweise geben. Liegt, wie Huntington annimmt, ein Verlaufsmuster zugrunde, das auch die zukünftigen Auseinandersetzungen prägen wird? Ist dieses Muster von Kulturzugehörigkeit geprägt, läßt es sich gar auf die einfache Formel „The West versus the Rest" reduzieren?

Ziel dieser Arbeit ist es, die Brauchbarkeit von Huntingtons Instrumentarien und gedanklichen Modellen am Beispiel des Kosovo-Krieges zu prüfen. Dieser Konflikt, der zur Zeit von Huntingtons COC-Publikationen (1993 bzw. 1996) schon sichtbar schwelte, stellt insofern einen interessanten Sonderfall dar, als er eine für die Theorie quasi *verkehrte* Frontstellung aufzeigt. Die USA und die Staaten Westeuropas lassen sich zugunsten einer moslemischen Volksgruppe auf einen Waffengang mit dem Belgrader Regime ein.

---

[1] Huntington, Samuel P.: The Clash of Civilizations?, in: Foreign Affairs Vol. 72 No. 3 (1993), S. 22-49. Im folgenden bezieht sich "COC" immer auf die Buchpublikation: Huntington, Samuel P.: The Clash of Civilizations and the Remaking of World Order, New York 1996.
[2] Fukuyama, Francis: Das Ende der Geschichte. Wo stehen wir?, München 1992.

Der ursprüngliche, lokale Konflikt zwischen Serben und Albanern im Kosovo erfährt durch das Engagement der NATO eine Ausweitung. Somit sind drei religiös-kulturelle Großgruppen, nämlich der christlich geprägte Westen[3], der Islam und die slawische Orthodoxie unmittelbar von diesem Konflikt betroffen.

Die vorliegende Arbeit kann keine *umfassende* Kritik am COC-Modell bieten, da sie dieses lediglich am Beispiel *eines* Konfliktes beleuchtet. Sie kann nur dazu beitragen, vorhandene Unzulänglichkeiten zu verdeutlichen. Die Hauptthesen Huntingtons werden, soweit dies möglich ist, erst einer eigenen Kritik unterzogen, nachdem die Handlungen der lokalen, regionalen und internationalen Hauptakteure im Konflikt untersucht wurden.

Soll das COC-Modell anhand des Kosovo-Krieges auf seine Brauchbarkeit geprüft werden, müssen folgende Fragen[4] untersucht werden:

- War Kulturkreiszugehörigkeit[5] ein maßgeblicher Faktor bei der staatlichen Politikgestaltung?
- Wird dem Spannungsverhältnis Innenpolitik-Außenpolitik ein ausreichendes Gewicht in Huntingtons Modell eingeräumt?
- Wird das Modell der Komplexität der internationalen Politik gerecht? Welche Rolle spielten internationale Organisationen und nichtstaatliche Akteure?
- Traten während des Konfliktes um das Kosovo ausgeprägte kulturelle Polarisierungstendenzen zutage?[6]

---

[3] Die Verwendung dieser allgemeinen Begriffe dient hier lediglich der Veranschaulichung, es soll hier keine Vereinfachung der Problematik oder gar eine kulturelle "Frontstellung" im Sinne des COC-Modells suggeriert werden.

[4] Diese leiten sich teils aus der Methodik und Darstellungsweise Huntingtons, teils aus der geäußerten Kritik an seinem Modell und teils aus dem Charakter des Kosovo-Krieges ab.

[5] Siehe Definitionen in Kapitel 1.1.

[6] Das Kosovo war, obwohl die dort lebenden Albaner größtenteils muslimischen Glaubens sind, nie ein religiöses Zentrum des Islam. Karten (einschließlich der Huntingtons, COC, S. 26f), welche die islamische Welt darstellen, schenken der Region meist keine Bedeutung. So auch Hafez, Kai (Hg.): Der Islam und der Westen, Frankfurt 1997, S. 2f. Zudem ist das Kosovo erst mit Ausbruch der Feindseligkeiten als Berührungspunkt der Religionen in das allgemeine Interesse der westlichen Öffentlichkeit gerückt. Gerade dies bietet aber eine günstige Ausganglage für die Untersuchung von Huntingtons Theorie: kam es, aufgrund des Krieges, zu einer verstärkten Hinwendung zur islamischen Kultur, fand

- Geriet der Westen wegen seines Universalismus in Konflikt mit Jugoslawien?

Die längerfristigen Tendenzen, die Huntington in bezug auf die Rolle des Westens in der Welt prognostiziert, werden also nicht zum Thema der Arbeit gemacht. Der Frage nach der allgemeinen Zulässigkeit der Kulturkreiseinteilungen wird nur insofern nachgegangen, als sich die Argumentation auf die Betrachtung der Balkanregion beschränkt. Zudem könnte die Antwort bei der gegebenen Komplexität und der Fülle von Argumenten nur jeweils subjektiv bzw. analytisch zurückhaltend ausfallen.

Im COC wird an mehreren Stellen angedeutet, der Westen verliere seine Identität und dadurch auch seinen Einfluß in der Welt. Diese These wird in der vorliegenden Arbeit nicht behandelt. Weder läßt sie sich aus der quasi schlaglichtartigen Betrachtung des Kosovo-Krieges überprüfen, noch spielt sie eine Rolle bei der dargelegten Argumentation. Das Gleiche gilt für die wissenschaftstheoretische Einordnung der Annahmen in den Zusammenhang der internationalen Beziehungen, also die Frage, was auf theoretischer Ebene mit Huntingtons Modell geschehen wird. Ob Huntington gar, wie er behauptet, ein neues *Paradigma* geschaffen hat, welches in der Lage ist, das internationale politische System des 21. Jahrhunderts besser zu beschreiben als die bisherigen Erklärungsansätze, soll hier nicht beantwortet werden. Allerdings können die Ergebnisse der vorliegenden Arbeit durchaus Anlaß zu berechtigten Zweifeln geben. Erst eine Vielzahl von Anomalien, die ein altes Paradigma nicht mehr zu erklären in der Lage ist, schaffen die Notwendigkeit für ein neues Erklärungsmodell.[7]

Zur Vorgehensweise:

Zunächst ist es notwendig, die von Huntington verwendeten Hauptbegriffe zu definieren, da dies die unmittelbarste Voraussetzung für das Verständnis seines gedanklichen Ansatzes darstellt. Zudem bilden die Definitionen die Angriffsfläche für die Verifizierung bzw.

---

politisch eine Fixierung auf die traditionelle Schutzmacht der Kosovo-Albaner, die Türkei statt? Eine ähnliche Fragestellung bietet sich auch in bezug auf Serbien und Griechenland/Rußland, und, freilich unter anderen Bedingungen, in bezug auf Westeuropa und die Vereinigten Staaten an.

[7] Siehe Kap. 2.

Falsifizierung der Theorie. Um eine methodologische Einordnung des COC-Modells zu erlauben, sollen das Instrumentarium und die Vorgehensweise des Autors betrachtet werden.

Der zweite Teil der Arbeit soll die Stellung des COC-Modells im Rahmen Huntingtons bisheriger Publikationen veranschaulichen. Dies dient dazu, bereits im Vorfeld der praktischen Untersuchung die Methodik Huntingtons zu beleuchten und mögliche Widersprüche bzw. Mängel zu erkennen. Des weiteren werden die Hauptstoßrichtungen bisher geäußerter Kritik am COC-Modell festgestellt und zusammengefaßt.[8] Dies geschieht, um die in Teil vier gewonnenen Erkenntnisse über die Möglichkeiten und Grenzen der Theorie ergänzen zu können.

Teil drei befaßt sich mit der geschichtlichen und religiösen Dimension des Konfliktes. Dies ist notwendig, weil Huntington Geschichte und Religion als zentrale Elemente der Kultur - und damit der Identität – ansieht. Dabei ist weniger die Darstellung der allgemeinen historischen Entwicklung beabsichtigt, vielmehr werden die kulturell-religiösen Aspekte des historischen Mit- und Gegeneinanders der Balkanvölker beleuchtet. Das Verständnis dieser spezifischen Geschichte und Mythologie ist für eine Einordnung und Bewertung der politischen Handlungsweisen notwendig - man denke an die Instrumentalisierung des Amselfeld-Mythos' durch Slobodan Milošević.

Teil vier geht der für diese Arbeit zentralen Frage nach, ob der Krieg um das Kosovo als ein „Bruchlinienkrieg" im Sinne Huntingtons verstanden werden kann. Eine Analyse der politischen und militärischen Entscheidungen soll klären, ob und inwieweit der Faktor „Kultur" eine Rolle bei der Ausübung politischer Macht spielte. Eine zentrale Bedeutung kommt hier dem Verhalten der von Huntington als „Kernstaaten" bezeichneten Länder, also den USA und Rußland zu. Allerdings kann nicht das Verhalten aller in den Konflikt involvierten Staaten untersucht werden.[9]

---

[8] Dies berücksichtigt nur Kritik, bei der sich ein Zusammenhang mit der Kosovo-Problematik herstellen läßt. Unbeachtet bleibt etwa die Diskussion um die „asiatischen Werte" oder China und Japan als eigene Kulturkreise.

[9] So dienen hier lediglich die EU, die NATO und die Außenpolitik der USA, Deutschlands und Großbritanniens als Beispiele für die Rolle des Westens (die in Wirklichkeit auf einer weitaus größeren Anzahl einzelstaatlicher Politikansätze beruht).

Teil fünf bildet die Zusammenfassung der bisherigen am COC-Modell geäußerten Kritik mit den in Teil drei und vier gewonnenen Erkenntnissen. Teil sechs behandelt kurz die Aussagen Huntingtons zu den Terroranschläge von New York und Washington.

Der Krieg um das Kosovo stellte einen Sonderfall dar - zum ersten Mal in ihrer Geschichte führte die NATO Krieg, noch dazu auf Seiten separatistischer Rebellen. Gewaltsame Nationalitätenkonflikte in Ost- und Südosteuropa nach Ende des Kalten Krieges sind keine Seltenheit. Inwieweit jedoch die Auseinandersetzungen auf die Eigenheiten der Balkanregion, auf die bestehenden Herrschaftssysteme oder aber auf kulturelle Differenzen zurückzuführen sind, muß in der Arbeit untersucht werden.

Wichtig ist hierbei, eine Unterscheidung zwischen der Kriegspropaganda beider Seiten und der Einstellung der Bevölkerung vorzunehmen. Zwar wird in den Äußerungen der Politiker nicht an kulturellem, oftmals auch moralischem Vokabular gespart. Die Frage ist jedoch, inwieweit hier lediglich versucht wird, die Thematik der Kulturzugehörigkeit zu instrumentalisieren. Dies wird nur in dem Maße gelingen, in dem es die Denkstrukturen der Bevölkerung zulassen. Soweit erforderlich, wird in dieser Arbeit auch die Rolle der Medien untersucht. Dies kann in einigen Fällen auch bedeuten, Sachverhalte zu hinterfragen, die aufgrund medialer Berichterstattung selbstverständlich erscheinen und deren Interpretation zumeist den politischen Standpunkt des Betrachters verrät.

Es ist im Rahmen dieser Arbeit nicht möglich, der Theorie Huntingtons ein eigenes Erklärungsmodell gegenüberzustellen. Auch die Frage nach der Unausweichlichkeit des Konfliktes und deren mögliche Ursache kann hier nicht beantwortet werden. Allgemein gilt das Hauptaugenmerk der Arbeit der Funktionsweise des Zusammenwirkens von Kulturkreiszugehörigkeit[10] und staatlicher Politik.

Angesichts der Aktualität der Ereignisse stammt die benutzte Literatur überwiegend aus den Jahren 1996 bis 2000. Die zitierten Internetseiten wurden im Dezember 2000 und Januar 2001 gesichtet. Eventuelle orthographische Uneinheitlichkeiten bei russischen, serbischen und albanischen Namen und Ortschaften resultieren aus den verschiedenen Schreibweisen und den unterschiedlichen

---

[10] Siehe Definition in Kapitel 1.1

Umschriften im Deutschen und Englischen.

Die vorliegende Fassung stellt eine überarbeitete und ergänzte Form meiner Magisterarbeit dar, die im Februar 2001 an der Friedrich-Schiller-Universität Jena eingereicht wurde.

1. Der „Clash of Civilizations": Huntingtons Ansatz

1.1. Begriffsklärungen

Zum Verständnis des COC-Modells wie auch der Kritik ist die Kenntnis der wesentlichen Begriffe erforderlich, mit denen Huntington seine Theorie umreißt:[11]

Kultur

Die Rolle von Kultur und Identität in der sozialwissenschaftlichen Theorie sowie in der Theorie der internationalen Beziehungen hat sich im Laufe der Zeit enorm gewandelt. Heute erlebt das Konzept der Kultur eine Renaissance, die als „dramatic comeback" gesehen werden kann.[12] Diese Wandlung ist insofern interessant, als es gerade die Erklärungsansätze der Realisten bzw. Neorealisten waren (zu denen auch Huntington zählt), welche die Rolle der Kultur in den internationalen Beziehungen vernachlässigt oder auf rein innenpolitische Auswirkungen beschränkt haben.[13]

Der Kulturbegriff ist durch eine Vielzahl von möglichen, teils gegensätzlichen Bedeutungen gekennzeichnet - Kultur als Alltagsleben, Kultur als metaphysischer, unveränderbarer Wert, Kultur als vom Menschen geschaffene Abgrenzung von Natur, Kultur als theoretisches Konzept, Geschichte und Politik zu begreifen.

Huntington sieht Kultur als umfassendsten Gegenstand menschlicher Identifikation.[14]

Für die hier dargelegte Argumentation bietet sich ein Kulturbegriff an, der *„die ganze, Denken, Sprechen, Handeln, Machen umfassende Lebensform einer Person, einer Gruppe oder Gesellschaftsschicht,*

---

[11] Bei einigen Begriffen macht es Sinn, zwischen Huntingtons Definition und *dem* Bedeutungsgehalt zu unterscheiden, der auch in dieser Arbeit verwendet wird - dies ist gerade bei allgemeinen, abstrakten, aber letztlich nur schwer faßbaren Begriffen wie "Kultur" angebracht, deren Bedeutung sich nicht eindeutig aus dem allgemeinen Sprachgebrauch erschließt.

[12] Lapid, Yosef: Culture's Ship: Returns and Departures in International Relations Theory, in: Lapid, Yosef / Kratochwil, Friedrich (ed.): The Return of Culture and Identity in IR Theory, Boulder, London 1996, S. 3.

[13] ebd., S.3. Lapid geht in seiner Kritik sogar noch weiter und sieht die Rückkehr des Kulturbegriffes als Kunstgriff der Theoretiker der Internationalen Beziehungen an, den Schwierigkeiten und der gewachsenen Komplexität der Weltpolitik nach Ende des Kalten Krieges zu begegnen (Ebd., S. 10).

[14] COC S. 40.

eines Volkes, einer Religion, einer Völker- oder Staatengruppe..." umfaßt.[15]

Kulturkreis

Der Begriff Kulturkreis stellt eine Erfindung des Übersetzers ins Deutsche dar und ist daher problematisch - im englischen Originaltext existiert kein vergleichbarer Ausdruck, hier wird von „Civilization" gesprochen.[16] Trotzdem ist die Verwendung des Begriffes Kulturkreis sinnvoll, da im Deutschen weder „Kultur" noch „Zivilisation" einen Eindruck von dem beabsichtigten Inhalt geben. Nach Huntington ist ein Kulturkreis die größte kulturelle Einheit, also der gröbste Unterscheidungsmaßstab, etwa zwischen traditionellem christlich-europäischem und konfuzianisch-asiatischem Gedankengut.

„Civilizations have no clear-cut boundaries and no precise beginnings and endings."[17]

„Empires rise and fall, governments come and go, civilizations remain and survive political, social, economic, even ideological upheavals."[18]

Von dem *Begriff* „Kulturkreis" ist allerdings Huntingtons *gedankliche Einteilung* der Welt in Kulturkreise zu trennen. Bezogen auf die Balkanregion, die den Brennpunkt verschiedenster kultureller Einflüsse bildet, soll dieses Modell hinterfragt werden.

Zivilisation

Die Unterscheidung zwischen Kultur und Zivilisation stellte bereits den Übersetzer des „Clash of Civilizations" ins Deutsche vor Probleme - weisen doch beide Begriffe im englischen und im deutschen Sprachgebrauch erhebliche Bedeutungsunterschiede auf.[19]

---

[15] Maurer, Reinhart: Kultur, in: Handbuch philosophischer Grundbegriffe, Studienausgabe Bd. 3, München 1973, S. 827f.

[16] Diese Kritik an der Übersetzung findet sich in Riesebrodt, Martin: Die Rückkehr der Religionen. Fundamentalismus und der „Kampf der Kulturen", München 2000 S. 141 (Erläuterungen zu Anmerkung 1, Seite 15).

[17] COC S. 43.

[18] Braudel, History of Civilizations, New York 1994, zit. nach COC, S. 43 Anm. 9.

[19] Vgl. dazu die deutsche Version: Huntington, Samuel P.: Kampf der Kulturen,

Zivilisation kann im Deutschen einerseits als die technische, die Welt beeinflussende Ausprägung der menschlichen Kultur, andererseits die gesamte menschliche Existenz, als quasi übergeordnete, globale Kultur verstanden werden. Dies sei nur erwähnt, um mögliche Fehlinterpretationen auszuschließen, die sich bei Benutzung der Originalausgabe und der Deutschen Übersetzung ergeben können.

Kernstaat[20]

Huntington sieht „Kernstaaten" als Nachfolger der Supermächte des Kalten Krieges - als Staaten, die sich bemühen, weniger mächtige Staaten (ähnlicher kultureller Prägung) an sich zu binden. Kernstaaten wirkten somit als Pole, welche die politische Ordnung der Region dominieren, schwächere Staaten anziehen und somit zu einer Neuordnung der regionalen Politik beitragen. Im Konfliktfall, entweder innerhalb des eigenen Kulturkreises oder aber mit Staaten fremder Kulturkreise, nehme der Kernstaat eine herausragende Stellung ein und kann zur Vermittlung beitragen. Huntington identifiziert die USA als westlichen, Rußland als den slawisch-orthodoxen Kernstaat. Für die islamische Kultur existiert seiner Meinung nach kein Kernstaat, es herrsche vielmehr die Konkurrenz zwischen Ägypten, Iran, Pakistan, Saudi-Arabien und Pakistan.[21]

Bruchlinienkrieg

Dieser Begriff, ebenfalls aus Huntingtons Vokabular, bezeichnet den gewaltsamen Konflikt zwischen Staaten an der Peripherie unterschiedlicher Kulturkreise. Der sowjetische Krieg in Afghanistan und der zweite Golfkrieg erscheinen hier als Vorboten neuer, ethnisch-kulturell motivierter Gewalt. Insbesondere der Islam gilt

---

München / Wien 1996, S. 51.

[20] Dies ist ein von Huntington verwendeter Begriff, der in Kapitel 7 seines Buches definiert wird. COC, S. 155-157.

[21] COC, S. 177-179. Interessant an dieser Aufzählung ist das Fehlen Syriens und des Iraks - beides Staaten, die sich bemühten, größere Einflußsphären zu schaffen und regionale Hegemonien aufzubauen. Offenbar galt der Irak in den Jahren nach dem zweiten Golfkrieg als machtpolitisch bedeutungslos. Ganz anders bewertet Huntington dagegen die Türkei, die sich zukünftig vom Westen abwenden und stattdessen eine islamisch-fundamentalistische Politik ausüben könnte. Diese These wird in Kapitel 4.3.2. dieser Arbeit näher betrachtet.

Huntington als besonders gewaltbereit, gar von „blutigen Grenzen" umgeben und eng mit einer aggressiven, militaristischen Politik verbunden. Bruchlinienkriege, also interkulturelle Konflikte, seien, so Huntington, ihrer Natur nach brutaler als Kriege innerhalb von Kulturkreisen. Zu der Zeit, als Huntington seine Theorie in Buchform veröffentlichte, war der Kosovo-Konflikt noch nicht zu einem Krieg eskaliert, sondern auf sporadische Terroranschläge mit anschließenden Vergeltungsaktionen begrenzt. Angesichts der Tatsache, daß Huntington selbst die Auseinandersetzungen im Kosovo als Beispiel für die "blutigen Grenzen" des Islam nennt[22] und Staaten aus verschiedenen "Kulturkreisen" beteiligt waren, ist die Anwendung des Begriffes "Bruchlinienkrieg" aus der Sicht von Huntingtons Theorie eindeutig gerechtfertigt:

"Fault line wars are communal conflicts between states or groups from different civilizations. Fault line wars are conflicts that have become violent."[23]

In einem Interview rühmt sich Huntington, den Ausbruch der Gewalt im Kosovo vorhergesehen zu haben.[24]

Untersucht werden muß allerdings, inwieweit die dem Begriff zugrundeliegenden Annahmen richtig sind. Diese sind:

- ein gestiegenes kulturelles Bewußtsein[25]
- eine "demographische Explosion" in den islamischen Staaten und die dadurch verursachte innere und äußere Destabilisierung[26]
- eine allgemein höhere Gewalt- und Konfliktbereitschaft des Islam.[27]

---

[22] COC, S. 255.
[23] Ebd., S. 252.
[24] „Kampf der Kulturen in Deutschland" – Interview mit Samuel P. Huntington, in: Zeitschrift der Historiker und Politologen der Uni München (No. 8/1999), zit. nach <http://www.sqr.de/hp/html/hp8/Huntington.html> In demselben Interview äußert Huntington jedoch die Ansicht, Rußland unterstütze die serbische Seite stark. Auf der Ebene der staatlichen Politik war dies zu keinem Zeitpunkt des Konfliktes spürbar, sieht man von einigen populistischen Äußerungen ab (Vgl. Kap. 4.3.3).
[25] COC, S. 266-272.
[26] Ebd., S. 259-265.
[27] Ebd., Grafik S.245 und S. 255-258.

Nach Huntington gestaltet sich ein Bruchlinienkrieg folgendermaßen:[28]

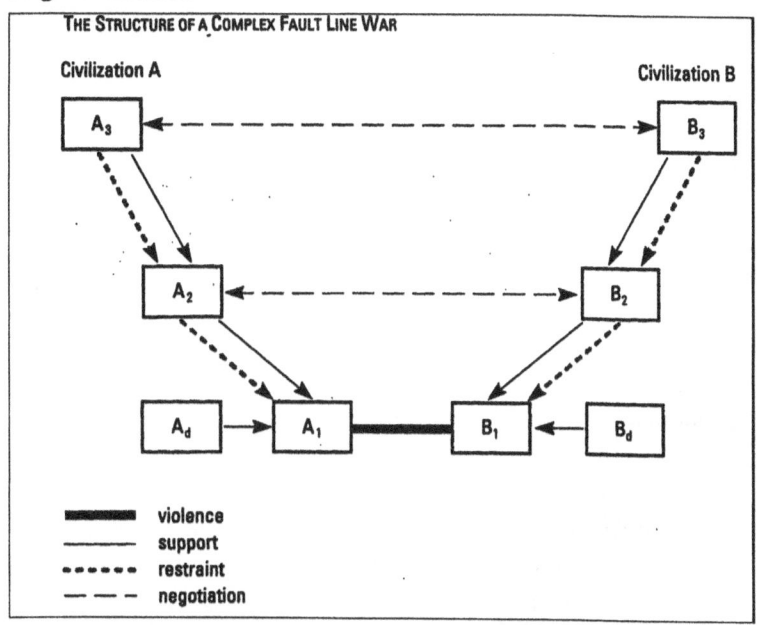

Dabei sind A_1 und B_1 die unmittelbar betroffenen Akteure, A_d und B_d deren Verbündete. Auf Ebene 2 befinden sich größere, einflußreichere Staaten des jeweils gleichen Kulturkreises, Ebene 3 stellt die Kernstaaten dar.

Wendet man dieses Modell auf den Kosovo-Konflikt an, so sind Kosovo-Albaner und Serben als Akteure der ersten Ebene zu nennen, auf Ebene 2 finden sich, gemäß kultureller Nähe zu den Kontrahenten, die Türkei und Griechenland. Auf der dritten Ebene findet sich der Kernstaat der slawischen Kultur, nämlich Rußland. Interessanterweise wird die Rolle des Gegenparts, die einem (eventuellen) islamischen Kernstaat zukäme, ausgerechnet von den USA eingenommen, denen Huntington schwerwiegendste Konflikte mit dem Islam prognostiziert. Die USA als stärkste Macht dominierten das Vorgehen der NATO, Rußland schließlich trug diplomatisch (wenn auch erst nach erheblicher Zeit) dazu bei, die jugoslawische Armee zum Rückzug aus dem Kosovo zu bewegen.

---

[28] COC, S. 274, Abb. 11.1.

Theorie

„A theory is an account of the world which goes beyond what we can see and measure. It embraces a set of interrelated definitions and relationships that organises our concepts of an understanding of the empirical world in a systematic way."[29]

Modell

„At root, models seek to simplify phenomena, as an aid to conceptualization and explanation."[30]

Daraus ergibt sich, daß die beiden o.g. Begriffe Theorie und Modell auf den COC anwendbar sind, und - in diesem speziellen Fall - weitgehend synonym verwendet werden können, wobei allerdings „Theorie" stärker den Erklärungsanspruch, „Modell" mehr die vorgenommene Vereinfachung betont.

1.2. Zur Methodik

Im Zentrum der Betrachtungen steht der Konflikt zwischen Staaten und Volksgruppen unterschiedlicher Kulturen und Religionen. Den bisherigen Ansätzen,[31] die Weltpolitik zu erklären, stellt Huntington sein Modell gegenüber.

Huntington greift oft weit in die Geschichte zurück, tatsächliche und angenommene Zusammenhänge sollen anhand von Statistiken[32]

---

[29] Marshall, Gordon (ed.): The Concise Oxford Dictionary of Sociology, Oxford, New York 1994, S. 532.
[30] Ebd., S. 339.
[31] Diese werden, sehr knapp, als unbrauchbar abgetan. Er betitelt die bisherigen Theorien als „One World: Euphoria and Harmony" (S.31), „Two Worlds: Us and Them" (S.32), „184 States, More or Less" (S. 33), und „Sheer Chaos" (S. 35). Allein diese grob vereinfachenden Überschriften verdeutlichen den Zweck, Huntingtons Modell als brauchbare, ja einzig mögliche Alternative erscheinen zu lassen.
[32] Diese Statistiken sind jedoch teils selbst aus der Theorie heraus begründet (wie etwa die nach Huntingtons Kulturkreiseinteilung geordnete Territorial- bzw. Bevölkerungsstatistiken, S. 84 und 85) oder unterliegen einer gewissen Willkür (beispielsweise die Tabelle der ethnopolitischen Konflikte 1993-1994 nach den Kategorien „Intracivilizational" und „Intercivilizational", S. 257, Zit. nach Gurr, Ted Robert: Peoples Against States: Ethnopolitical Conflict and the Changing World System, in: International Studies Quarterly, Vol. 38 [September 1994], S.

erläutert und plausibel gemacht werden. Leicht verständliche Schlagwörter anderer Autoren werden aufgegriffen[33] und in die Theorie integriert. Huntington bedient sich einfacher Bilder und einer provokativen Ausdrucksweise.[34] Er betont fortlaufend die Existenz verschiedener Kulturen – dies eignet sich als Einstiegsargumentation, weil es unumstritten ist. Ebenso unumstritten ist auch die Tatsache, daß mit dem Ende des Kalten Krieges eine neue weltpolitische Lage entstanden ist. Erst die Schlüsse, die Huntington daraus zieht, nämlich seine Kulturkreiseinteilung und deren Einfluß auf nationalstaatliche Politik, fordern Widerspruch heraus.

347-378). Zudem wird eine Statistik zitiert, welche die verstärkte Benutzung des Begriffes „The West" im Vergleich zum Begriff „Free World" zeigt (in den Ausgaben der „New York Times", der „Washington Post" und des „Congressional Record" der Jahre 1988 bis 1993). Dieser, angesichts des Endes des Kalten Krieges verständliche Begriffswandel dient Huntington bereits als ein Beleg des gestiegenen kulturellen Bewußtseins. Clash S. 55, zit. nach LEXIS / NEXIS.

[33] So etwa S. 95 Anm. 19, Gilles Kepels „Rache Gottes".

[34] Die Formulierung von „Islam's Bloody Borders" (S. 254) mußte - und sollte wohl auch – den Widerspruch zahlreicher Gelehrter herausfordern. Sätze wie *„Somewhere in the Middle East a half-dozen young men could well be dressed in jeans, drinking Coke, listening to rap, and, between their bows to Mecca, putting together a bomb to blow up an American airliner"* (S. 58) oder die Vision eines Dritten Weltkrieges (S. 312-321), veranschaulichen zwar die Stoßrichtung der Theorie, sind jedoch nicht unbedingt geeignet, ihren argumentativen Gehalt zu erhöhen.

2. Der „Clash of Civilizations" in der Diskussion

Die Betrachtung des COC-Modells muß vor allem zwei Aspekte berücksichtigen. Zum einen ist Huntingtons Ansatz im Zusammenhang mit der Diskussion um die außenpolitische Neuorientierung der USA nach Ende des Kalten Krieges zu sehen. Huntington empfiehlt eine Besinnung auf die eigenen, „westlichen" Werte, um im zukünftigen „Kampf der Kulturen" bestehen zu können.[35] Zum anderen gestattet nur ein Blick auf den *bisherigen* Stellenwert von Kultur und Identität in den Publikationen Huntingtons eine Einordnung bzw. zumindest eine erweiterte Perspektive. Huntington selbst bezieht sich insbesondere auf die Untersuchungen von Arnold Toynbee und die Zivilisationskritik Oswald Spenglers.[36]

Während des Kalten Krieges geriet Kultur als Thema der Internationalen Beziehungen aus dem Blickfeld, da das Staatensystem nahezu gänzlich auf ideologischen Grenzziehungen zu basieren schien.

2.1. Das COC-Modell im Rahmen der bisherigen Publikationen Huntingtons

Die meisten Publikationen Huntingtons beschäftigen sich mit der Außenpolitik der USA. Dabei spielte das Thema Kultur bis 1993 nur eine untergeordnete Rolle. 1991 war Huntington noch davon ausgegangen, daß sich nach dem Zerfall des sozialistischen Blocks die internationalen Beziehungen schwieriger und wechselhafter gestalten werden als in den Jahren des Kalten Krieges. Er drückt dies vereinfachend in der Formel aus, die Welt der „good guys and bad guys" werde zu einer Welt der „grey guys".[37] Dieses Szenario widerspricht dem im Clash, wo Huntington überwiegend den Moslems die Schuld an gewaltsamen Auseinandersetzungen gibt. Auch paßt die Vorstellung eines internationalen Taktierens der Staaten in wechselnden Allianzen schlecht zu einer von Kulturkreiszugehörigkeit dominierten – und damit eindeutigen – Politik. Die Herausforderung der USA durch Japan wird nur unter

---

[35] Er tut dies insbesondere in seinem Aufsatz „The West - Unique, Not Universal", in: Foreign Affairs Vol. 75 No. 6 (1996), S. 28-46.
[36] COC, insbes. S. 42-44.
[37] Huntington, Samuel P.: America's changing strategic interests, in: Survival Vol. XXXIII No. 1 (1991) S. 6.

ökonomischen, nicht aber *kulturellen* Aspekten betrachtet.[38]

Huntingtons Buch „The Third Wave"[39], ironischerweise als „cowinner of the 1992 Grawmeyer Award for ideas improving world order" ausgezeichnet, läßt die Theorie vom Kampf der Kulturen in einem anderen Licht erscheinen. Sucht man in der „Third Wave", (immerhin *nach* dem Fall der sozialistischen Systeme Osteuropas und nur zwei Jahre *vor* dem COC-Aufsatz veröffentlicht) die Begriffe „Culture" bzw. „Civilization" noch vergeblich im Stichwortverzeichnis, so widmet sich der COC komplett diesem Thema. Dies fällt direkt ins Auge, wenn man sich die jeweils beanspruchten Tragweiten klarmacht: Einerseits die, wenn auch vorsichtig geäußerte, Hoffnung auf weltweite Demokratisierung, andererseits das Herannahen des islamischen Fundamentalismus als Bedrohung.

In der „Third Wave", in der Huntington dem Islam und dem Konfuzianismus zwar einen gewissen Widerspruch zum westlichen Demokratieverständnis attestiert[40], steht jedoch das Fazit, daß dies nicht automatisch eine Unvereinbarkeit bedeute - im COC hört sich dies entschieden anders an:

„The twentieth century conflict between liberal democracy and Marxist-Leninism is only a fleeting and superficial historical phenomenon compared to the continuing and deeply conflictual relation between Islam and Christianity"[41]

Im COC geht Huntington von einer Koalition aus Islam und anderen Kulturkreisen aus, die sich gegen den Westen, insbesondere aber gegen die USA richten werde. Daß diese Koalition bisher nicht gebildet wurde und sich auch nicht abzeichnet, wird von Huntington

---

[38] Ebd., S. 8-11. Huntington identifiziert hier zwar, analog zu den Bomber- und Raketen-„Lücken" im US-Verteidigungspotential des Kalten Krieges, eine ökonomische „Lücke" der USA gegenüber Japan, nennt aber keine kulturellen Hintergründe für die Auseinandersetzung der beiden Staaten – diese hätten, betrachtet man Huntingtons spätere Publikationen, sehr wohl in den Kontext einer Analyse der „strategischen Interessen" der USA gehört. Vgl. dazu Huntingtons Vorwort in: Harrison Lawrence E. / Huntington, Samuel P.: Culture matters - how values shape human progress, New York 2000, S. XIII-XVI.

[39] Huntington, Samuel P.: The Third Wave - Democratization in the Twentieth Century, Norman, London 1991.

[40] S. 298-311.

[41] COC, S. 209.

andernorts fast entschuldigend begründet:[42]

- Hierfür könne es noch zu früh sein, weil die USA keine unmittelbaren militärischen Hegemonialansprüche im Stile der europäischen Kolonialmächte hätten.
- Anstatt sich gegen die USA zu wenden, versuchten viele Staaten, von der amerikanischen Wirtschaftskraft zu profitieren.[43]
- Die Theorie der internationalen Beziehungen, die ein Ausbalancieren des Mächtegleichgewichts vorhersieht, sei auf das Staatensystem nach Ende des 30jährigen Krieges zugeschnitten, in dem alle Beteiligten der gleichen, nämlich der europäischen Kultur angehörten.[44]

2.2. Ansatzpunkte von Kritik und Reaktionen Huntingtons

Die unmittelbar am COC-Modell geäußerte Kritik läßt sich in folgende Stoßrichtungen unterteilen:[45]

- Kulturkreise seien für Huntington abgeschlossene, statische Einheiten. Der interkulturelle Austausch werde in seinen Auswirkungen ebenso vernachlässigt wie die Fähigkeit einer Kultur, sich im Laufe der Zeit zu verändern. Insbesondere das Ausmaß der Verwestlichung, also der Anpassung fremder Kulturen an die des Westens, werde unterschätzt.[46]

---

[42] Huntington, Samuel P.: The Lonely Superpower, in: Foreign Affairs Vol. 78 No. 2, S. 45f.

[43] Dies ist ein Widerspruch zum COC, auf den Huntington nicht eingeht.

[44] Hiermit entzieht sich Huntington letztendlich selbst seine Argumentationsgrundlage: erstens bewegte er sich vor 1993 ebenfalls innerhalb dieser Theorie, zweitens basieren auch die Annahmen im COC letztendlich auf klassischen, machtpolitischen Überlegungen, nach denen die Staaten (um die Ebene der Kulturkreise erweitert) um Einfluß ringen.

[45] Die Literatur zu Huntington und zu den unterschiedlichen Aspekten seiner Theorie hat mittlerweile ein unübersichtliches Ausmaß angenommen. So findet sich eine ähnlich gegliederte Unterteilung der Kritik in: Österreichisches Institut für Internationale Politik (Hg.): Samuel Huntingtons Clash of Civilizations – Ein neuer Versuch, die Welt zu ordnen (Bearbeitung: Katrin Simhandl), Laxenburg 1998, S. 29-47. Diese basiert jedoch größtenteils auf anderen Quellen.

[46] Ajami, Fouad: The Summoning, in: Foreign Affairs Vol. 72 No. 4 (1993), S. 2f und Hottinger, Arnold: Ein Krieg der Zivilisationen?, in: Rill, Bernd (Hg.): Aktuelle Profile der islamischen Welt, Berichte und Studien der Hanns-Seidel-

- Obwohl Huntington die Bedeutung der Staaten ausdrücklich betont[47], spielten eben diese Staaten eine untergeordnete Rolle in seinem Modell. Dies, so die Kritik, sei ein eklatanter innerer Widerspruch zum gesamten Argumentationsstrang.
- Der islamische Fundamentalismus, insbesondere in seiner terroristischen Spielart, sei ein Produkt von Unsicherheit und Schwäche gegenüber dem Westen - und nicht, wie Huntington annimmt, ein Zeichen gestiegenen kulturellen Selbstbewußtseins.[48] Die islamischen Staaten und Gruppen wiesen eine große Vielfalt auf und ließen sich keinesfalls als kultureller Block begreifen. Religion habe sich innerhalb der islamischen Kultur zumeist der Politik unterordnen müssen, nicht umgekehrt.[49] Legte man Huntingtons These von der "kulturellen Inkompatibilität" der beiden Kulturkreise zugrunde, wären die Beziehungen zwischen dem Islam und dem Westen weitaus schlechter, als dies

---

Stiftung eV, München 1998, S.53-59. Hottinger ist der Ansicht, es gebe keine von der Weltzivilisation unabhängige Zivilisation mehr (und wenn doch, so dürfte sie nur an den entlegensten Orten zu finden sein und wäre bei einem Konflikt mit der "Weltzivilisation" aufgrund ihrer technischen Rückständigkeit zum Scheitern verurteilt. Dies ist zwar korrekt, greift aber nicht als Kritik an Huntingtons Modell - Huntington spricht von *Kulturen*, nicht von *Zivilisationen*. Möglicherweise ist Hottinger hier Opfer der o.g. Übersetzungsschwierigkeiten. Technik ersetzt nicht Kultur, sondern bietet dieser neue Ausdrucksformen. Inwieweit Kultur und Traditionen sich durch Technik verändern lassen, ist umstritten. Man denke etwa an Internetseiten islamischer Fundamentalisten. Der eigentliche "Zusammenstoß" finde nicht zwischen den Kulturen, sondern innerhalb der einzelnen Kulturen statt, so etwa im Konflikt zwischen weltlichen und geistlichen Führern. (Hottinger S. 57.)

[47] „Nation states remain the principal actors in world affairs". COC, S. 21. Ajami, S.3. macht auf den Widerspruch zwischen dem Verweis auf die immer noch gewichtige Rolle des Staates und der gleichzeitigen Vernachlässigung derselben aufmerksam. In der Tat stellt sich die Frage, ob dieses Zitat nicht nur eine Schutzbehauptung darstellt, die lediglich dazu dient, Kritik vorzubeugen. Falls, wie Huntington annimmt, eine übergeordnete, kulturelle Loyalität das Handeln der Staaten dominiert, sind diese nicht mehr als unabhängige "Hauptakteure" zu sehen. Ajami bringt dies mit seiner Formulierung *"Let us be clear: civilizations do not control states, states control civilizations."* auf den Punkt (S.9). Auf diesen Aspekt wird, ebenso wie auf die anderen aufgeführten Kritikpunkte, im Fazit dieser Arbeit (Kap. 5) weiter eingegangen.

[48] Ajami, S. 3.

[49] Hunter, Shireen T.: The Future of Islam and the West : Clash of Civilizations or Peaceful Coexistence?, Westport 1998, S. 166.

gegenwärtig der Fall ist.⁵⁰
- Huntington simplifiziere zu stark, er gehe nicht auf die komplizierte Wechselwirkung zwischen Anpassung und Widerstand ein, die der westliche Einfluß in der Welt auslöse. Ebenso übersehe er die Bedeutung der sozialen Schichten. In Indien etwa herrschten soziale Spannungen zwischen den Schichten, die Mittel- bzw. Oberschicht werde zudem ihren politischen Einfluß geltend machen, ihr Land und ihren Lebensstil dem Westen anzunähern.⁵¹ Ebenso wie die klassische Geopolitik übersehe Huntington den Einfluß internationaler Organisationen und wirtschaftlicher Verflechtungen. Die Welt sei nicht mehr allein nach territorialen Gesichtspunkten zu begreifen.⁵²
- Huntington neige einer sehr einseitigen Sichtweise zu und ignoriere gegenteilige Fakten.⁵³ Ebenso verfälsche er die Motive, die hinter politischen Handlungen stehen: so werde etwa das - rationalen wirtschaftlichen Interessen folgende - Verhalten Nordkoreas und Chinas, mit Staaten wie Libyen, Iran und Syrien Waffenhandel zu betreiben, zu einer „konfuzianisch-islamischen" Verbindung gegen den Westen umgedeutet, der Krieg in Jugoslawien zu einem Kampf zwischen „Rom, Byzanz und dem Islam" hochstilisiert.⁵⁴
- Die Kulturkreiseinteilung, die Huntington vornimmt, sei fraglich. Rußland solle nicht als eine dem Westen entgegenstehende Kultur angesehen werden, sondern als westliche.⁵⁵
- Entgegen Huntingtons Annahme, *inter*kulturelle Konflikte wiesen

---

⁵⁰ Ebd., S. 19.
⁵¹ Ajami, S. 4f und Crocker, Jarle / Rubenstein, Richard E.: Challenging Huntingon, in: Foreign Policy No 96 (Fall 1994), S. 119.
⁵² Hummel, Hartwig / Wehrhöfer, Birgit: Geopolitische Identitäten, in: Welttrends. Internationale Politik und vergleichende Studien N. 12 (1996), S. 23 und Müller, Harald: Das Zusammenleben der Kulturen. Ein Gegenentwurf zu Huntington, Frankfurt am Main 1998. Begründet wird diese Sichtweise mit der Problematik des internationalen Terrorismus und zahlreicher innerstaatlicher Bürgerkriege, mit dem weltweiten Einfluß der Medien und mit der Rüstungstechnologie (etwa Mittelstreckenraketen). Diese Faktoren schmälerten die Bedeutung geographischer Faktoren.
⁵³ Senghaas, Dieter: Die fixe Idee vom Kampf der Kulturen, in: Blätter für deutsche und internationale Politik Nr. 2/1997, S. 215-221.
⁵⁴ Ajami, S. 6.
⁵⁵ Kirkpatrick, Jeane J. and others: The Modernizing Imperative, in: Foreign Affairs Vol. 72 No. 4 (1993), S. 22.

ein größeres Maß an Gewalt auf als *intra*kulturelle, fänden die am meisten Gewalt aufweisenden Konflikte weitgehend innerhalb von Kulturkreisen statt - man denke an die europäischen Schauplätze des Zweiten Weltkrieges oder den russischen Bürgerkrieg.[56] Auch vernachlässige Huntington die Widerstandsfähigkeit von Volksgruppen, sich gegen eine Vereinnahmung durch einen größeren Staat bzw. "Kernstaat" zu wehren.[57] Der wirkliche „Zusammenprall der Kulturen" sei jener zwischen Menschen unterschiedlicher Wertordnungen und Normen – dieser finde auch in der Alltagswelt der als „westlich" bezeichneten Staaten statt.[58]

- Die Daten, Statistiken und Zitate, die Huntington verwendet, seien zwar umfangreich, stünden aber in keinem wirklichen Zusammenhang.[59] Geradezu sträflich vernachlässigt werde eine Aussage darüber, welches die Werte der nichtwestlichen Kulturen seien. Am Konzept der Kernstaaten wird kritisiert, die von Huntington angesprochenen „Wiegen der westlichen Zivilisation" ließen sich entweder nicht eindeutig feststellen oder aber seien (man denke an Griechenland) an Orten zu finden, die nach Huntington

---

[56] Kirkpatrick, S. 23. Hier sollte man jedoch erwähnen, daß Huntington diesen Konflikt nicht zu erklären beansprucht, da sein Modell sich auf die Gegenwart und Zukunft, nicht auf die Vergangenheit bezieht. Allerdings muß im Auge behalten werden, daß - nach Huntington - die Kultur ein abstraktes Prinzip ist, das gerade aus gemeinsamer *Geschichte* resultiert, also durch Ideologie höchstens überdeckt wird und sich nicht schlagartig ändern kann (auch nicht durch große Umwälzungen, wie sie sich aus dem Ende des Kalten Krieges ergaben). Daher mutet es seltsam an, daß Huntingtons Modell einen fest definierten zeitlichen Anfangspunkt - nämlich den Zerfall des Ostblocks – aufweist, oder daß eine Erklärung fehlt, wie es Ideologien gelingen konnte, die (nach Huntington weitaus bedeutendere) Kulturzugehörigkeit über Jahrzehnte zu überdecken.
[57] Crocker / Rubenstein, S. 121.
[58] Bredow, Wilfried von: Konflikte und Kämpfe zwischen Zivilisationen, in: Kaiser, Karl / Schwarz, Hans-Peter (Hg.): Weltpolitik im neuen Jahrhundert (Schriftenreihe der Bundeszentrale für politische Bildung, Band 364), Bonn 2000, S. 121.
[59] Müller, S. 13 hat eine andere Erklärung für die hohe Anzahl von Konflikten mit islamischen Beteiligten. Dies sei lediglich darauf zurückzuführen, daß die islamischen Staaten einen schmalen Gürtel in der Welt bilden, der über eine riesige Außengrenze zu den anderen Kulturkreisen verfügt. Müllers Kritik richtet sich allerdings auch gegen den „Realismus" in der Theorie der internationalen Beziehungen. Müller stellt diesen zu unrecht auf eine Stufe mit dogmatischen Ideologien wie Fundamentalismus, Sozialdarwinismus und Marxismus-Leninismus (S. 13).

nicht der westlichen Zivilisation zugerechnet werden. Gerade in bezug auf Südosteuropa stelle sich Huntingtons Modell als falsch heraus: Das orthodoxe Griechenland half der Türkei nach dem schweren Erdbeben und zeigt sich mehr und mehr gewillt, eine EU-Mitgliedschaft der Türkei zu akzeptieren. Im Kosovo-Krieg wurden moslemische Flüchtlinge in vielen christlichen Staaten wohlwollend aufgenommen. Dies alles kennzeichne die Kulturkreistheorie als „geopolitische Fiktion". [60]

- Huntington sei ein "Kalter Krieger" auf der Suche nach neuen Feindbildern[61], der zudem ein multikulturelles Amerika fürchte.[62] In eine ähnliche Richtung geht die Kritik, Huntington habe in Wirklichkeit kein neues Paradigma geschaffen, sondern lediglich das Weltbild des Kalten Krieges (das auf der einfachen Regel des Kampfes um globalen Einfluß basiert) in Teilen umdefiniert, quasi "Ideologie" durch "Kultur", "bipolar" durch "multipolar" und den Staat durch einen kulturellen Überstaat ersetzt, der sich in seiner

---

[60] Riesebrodt, Martin: Die Rückkehr der Religionen. Fundamentalismus und der „Kampf der Kulturen", München 2000, S. 16-24.

[61] Diese Suche ist nach Huntingtons eigener Einschätzung legitim. So ist er der Ansicht, daß die USA vermutlich einen äußeren Gegner benötigten, um den Zusammenhalt der verschiedenen ethnischen und politischen Gruppen zu gewähren. Huntington lehnt Multikulturalismus als eine den nationalen Interessen abträgliche Ideologie ab. Huntington, Samuel P.: The Erosion of American National Interests, in: Foreign Affairs Vol. 76 No. 5 (1997), S. 32-35.

[62] Eine extreme Position zu Huntington findet sich in Ahlers, Ingolf: „Rechtsintellektuelle Deutungsmacht und okkupierende Theoriebildung. Anmerkungen zum Zivilisations-Paradigma von Samuel D. Huntington", in: Kreutzer, Leo / Peters, Jürgen (Hg.) Welfengarten. Jahrbuch für Essayismus, Hannover 1996, S.100-121. Zit. nach <http://www.soz.uni-hannover.de/ipol/coc.htm> vom 15.12.2000. Ahlers wirft Huntington darüber hinaus Rassismus vor und sieht dessen Theorie im Zusammenhang mit neoliberalen Wirtschaftsdogmen: *„COC verschiebt die durch den Globalisierungsdruck hervorgerufenen Probleme einer tiefen sozialen Spaltung der Weltgesellschaft, hervorgerufen durch die Diktatur des Weltmarktes, in die Sphäre zeitloser kultureller Gegensätze. Damit soll vergessen gemacht werden, daß es der neoliberalistische Totalitarismus der Märkte mit seinem ruinösen Verdrängungswettbewerb und seiner Vergötzung profitorientierter Rentabilität ist, welcher sich daran macht, die westlichen Werte aufzufressen: Die von einer transnationalen Elite aus Wirtschaft, Politik und Medien gewollten und durchgesetzten Prozesse einer umfassenden Deregulierung und Privatisierung, eine Art von Zwangsglobalisierung, beschleunigen auch die soziale und kulturelle Spaltung der US-Gesellschaft."*

Handlungsweise freilich nicht von diesem unterscheide.[63]
- Konflikte zwischen den Volksgruppen entstünden nicht primär *wegen* der Kultur- oder Kulturkreiszugehörigkeit, sondern instrumentalisierten diese. Die wahren Bedingungen, unter denen sich diese Konflikte entwickelten, seien vielmehr:
  1. eine ethnisch eingefärbte Bürokratie, welche die Besetzung staatlicher Machtpositionen steuere
  2. eine in ihren Ansprüchen frustrierte Ober- bzw. Mittelschicht, die sich im innerstaatlichen Verteilungskampf benachteiligt fühle
  3. ein Übergreifen der Militarisierung auf die gesamte Ethnie.[64]

Dieses Umfeld war im Kosovo, spätestens nach der Aufhebung des Autonomiestatus 1989 gegeben,[65] wenn auch hieraus noch nicht auf eine untergeordnete Bedeutung des kulturellen Faktors geschlossen werden kann.

- Huntington habe keine Antwort auf die zentrale Frage, *warum* kulturell unterschiedliche Wertvorstellungen zum Konflikt führen sollten. Er äußere lediglich, daß dies so sei.[66]
- Die Argumentationskette Huntingtons weise deutliche Lücken auf und nehme offensichtliche Zusammenhänge nicht wahr. So bringe er den Aufstieg des Fundamentalismus in den arabischen Staaten nicht mit den deutlich gefallenen Ölpreisen, der hohen Arbeitslosigkeit oder dem westlichen Eingreifen zugunsten korrupter und verhaßter Regime u.ä. in Verbindung.[67]
- Die Religion sei kein teilendes, sondern ein die Kulturen verbindendes Element. So gebe es in allen großen Religionen die Forderung nach Toleranz.[68] Kultur sei darüber hinaus nicht die

---

[63] Crocker / Rubenstein, S. 115f und Hummel / Wehrhöfer, S. 11.
[64] Dittmer, Stephanie: Religion als Ressource im "Kampf der Zivilisationen"? Zum Zusammenhang ethnischer Mobilisierung und kultureller Differenz, in: Zentrum für Europa- und Nordamerika-Studien (Hg.): Religion und Politik. Zwischen Universalismus und Partikularismus (Jahrbuch für Nordamerika-Studien 2), Opladen 2000, S. 151.
[65] Siehe dazu Kap. 4.
[66] Crocker / Rubenstein, S. 114.
[67] Ebd., S. 124.
[68] Diskussionsbeitrag des Tübinger Theologen Prof. Dr. Karl-Josef Kuschel in: Alfred Herrhausen Gesellschaft für internationalen Dialog (Hg.): Kampf der

Quelle von Konflikten, sondern nur deren Austragungsort."[69]

In Deutschland wurde der „Kampf der Kulturen" als Schlagwort aufgegriffen, eine Vielzahl von Autoren machten sich die Popularität des Begriffes zunutze – Bassam Tibi erkannte als einer der ersten diesen Trend.[70]

Huntingtons Theorie fand Aufmerksamkeit nicht nur im wissenschaftlichen, sondern auch im politischen Bereich. So fühlte sich der ehemalige Bundespräsident Roman Herzog herausgefordert, dem befürchteten Konflikt durch einen verstärkten interkulturellen Dialog entgegenzuwirken. Er wies auf den falschen gedanklichen Ansatz hin, den Islam als einen einzigen Block zu verstehen – die unterschiedlichen politischen und philosophischen Strömungen innerhalb der islamischen, selbst innerhalb der arabischen Welt zeigten dies überdeutlich. Herzog ist der Ansicht, es mangele oft an der Unterscheidung zwischen dem Islam und dem islamischen Fundamentalismus – auch dies eine Kritik an Huntington.[71]

Kulturen oder Weltkultur? Diskussion mit Samuel P. Huntington, Frankfurt/Main April 1997, S. 43f.
[69] Butterwegge, Christoph: Fundamentalismus und Gewalt als Grundmuster der Weltpolitik? Zur Kritik an Samuel P. Huntingtons These vom „Kampf der Kulturen", in: Bukow, Wolf-Dietrich / Ottersbach, Markus (Hg.): Fundamentalismusverdacht – Plädoyer für eine Neuorientierung im Umgang mit allochthonen Jugendlichen, Opladen 1999, S. 38.
[70] Tibi, Bassam: Krieg der Zivilisationen, Hamburg 1995. Auffallend ist, wie Tibi zunächst Huntingtons Schlagwort vereinnahmt und nicht davor zurückschreckt, den „Kampf der Kulturen" als eine „Verwandte Position" (S.39) darzustellen. Gleichzeitig geht Tibi aber dazu über, Lösungsmodelle zu entwickeln, zumindest aber den Konflikt entschärfen und „Brücken bauen" zu wollen. Möglicherweise trugen die kritischen Reaktionen auf Huntington zur Entstehung dieser Lösungsmodelle bei. Tibi sieht vor allem in Europa selbst einen Schauplatz für seinen „Krieg der Zivilisationen" (S. 123): „Kulturen gruppieren sich zu Zivilisationen, die demnach stets Kulturübergreifend sind" (S.302). Tibi spricht von einem „globalen Aufstand gegen den säkulären Nationalstaat" (S. Kapitel 1, 67-123). In der Diskussion mit Huntington argumentierte Tibi, man solle die Gemeinsamkeiten der islamischen und der westlichen Kultur stärker betonen. Alfred Herrhausen Gesellschaft für internationalen Dialog (Hg.): Kampf der Kulturen oder Weltkultur?, a.a.O., S. 40.
[71] Herzog, Roman: Interkultureller Dialog versus globale Kulturkriege.(Laudatio anläßlich der Verleihung des Friedenspreises des Deutschen Buchhandels an Frau Annemarie Schimmel, 15. Oktober 1995, in: Herzog, Roman: Wider den Kampf

Dieser antwortete unmittelbar, wenn auch nicht sachlich auf die erste Welle der Kritik.[72] Der Begriff des *Paradigmas*, mit dem Gehalt der wissenschaftstheoretischen Untersuchung Kuhns[73] versehen, dient Huntington zunächst als Argument, nicht alle Entwicklung erklären zu müssen.[74] Gleichzeitig untermauerte er jedoch damit seinen Anspruch, einen neuen Erklärungsansatz im Bereich der internationalen Beziehungen geschaffen zu haben. In einer Diskussion äußerte Huntington, sein Modell beziehe sich lediglich auf „*die Muster von Konflikten und Kooperationen in den kommenden Jahren. Was sich in der Welt tut, ist hierfür nicht relevant, sondern bezieht sich auf wissenschaftliche Belange. Zu jedem Paradigma gibt es zwangsläufig viele Ausnahmen.*"[75] Dies bedeutet, ein neues Paradigma müsse nicht in der Lage sein, einen *umfassenden* Erklärungsansatz zu liefern. Es legitimiert sich vielmehr durch seine Fähigkeit, *mehr* Ereignisse zu erklären als seine Vorgänger. Der Verweis Huntingtons auf diesen Sachverhalt offenbart jedoch eher die Schwachpunkte seiner Theorie, anstatt, wie beabsichtigt, als Argument zu ihrer Verteidigung zu dienen. Huntington ist sich bewußt, daß seine Theorie große Angriffsflächen bietet und bemüht sich daher, quasi vorbeugend, einen Teil der Kritik zu entkräften. Das dies nicht auf konkret-sachlichem Weg geschieht, sondern durch die Flucht nach vorne - nämlich in die (auf *Naturwissenschaften* abzielende) Wissenschaftstheorie - spricht für sich.

---

der Kulturen. Eine Friedensstrategie für das 21. Jahrhundert, Leck 1999, S. 21f) Herzog stellt die Frage, ob der „Kampf der Zivilisationen" nicht in Wirklichkeit ein „Kampf der politischen Fundamentalismen" sei, „an dem die gemäßigten Mehrheiten der Völker kein Interesse haben." Er wendet sich gegen die „Maler der Feindbilder"(ebd. S. 27).

[72] Huntington, Samuel P.: If Not Civilizations, What? Paradigms of the Post-Cold War World, in: Foreign Affairs Vol. 72 No. 5 (1993), S. 186-194.

[73] Kuhn, Thomas S.: Die Struktur wissenschaftlicher Revolutionen, Frankfurt am Main 1989 (zweite revidierte und um das Postskriptum von 1969 ergänzte Auflage).

[74] Huntington, Samuel P.: If Not Civilizations, What?, a.a.O., S. 186 und COC, S. 30. Huntington beruft sich auf die Worte Kuhns: *A theory must seem better than its competitors, but it need not, and in fact never does, explain all the facts with which it can be confronted.* Zit. nach Kuhn, Thomas S.: The Structure of Scientific Revolutions, Chicago 1962 S. 17-18.

[75] Alfred Herrhausen Gesellschaft für internationalen Dialog (Hg.): Kampf der Kulturen oder Weltkultur?, a.a.O., S. 34.

Huntington nennt im Rahmen der Diskussion[76] Ereignisse, die, seiner Auffassung nach, sein Modell bestätigen. Diese Aufzählung läßt jedoch, bis auf wenige Ausnahmen, auch deutlich andere Schlüsse zu als diejenigen, die Huntington untermauern will.[77] Die fortgesetzten und intensivierten Kämpfe im ehemaligen Jugoslawien, der Konflikt zwischen Armenien und Aserbaidschan (der damals auszuweiten drohte) sowie zwischen Rußland und islamischen Rebellen, können Ausdruck staatlicher bzw. innerstaatlicher Machtansprüche sein. Eine Intensivierung der Kämpfe resultiert meist aus vorangegangenen Gewalttaten bzw. den allgemeinen Kriegshandlungen.

Der fehlende Wille des Westens, die bosnischen Moslems zu unterstützen, kann verschiedenste Ursachen haben, jedenfalls ist die kulturelle „Gegnerschaft", auf die Huntington abzielt, nicht als Motiv auszumachen. Interessanterweise erwähnt Huntington auch die Verschärfung der Aufnahmebestimmungen für Asylbewerber in Deutschland.[78] Die Abstimmung über den Austragungsort der Olympischen Spiele im Jahr 2000, „offenbar fast völlig entlang kultureller Grenzen", das Abkommen zwischen Rußland und der Ukraine über die Aufteilung der Schwarzmeerflotte, rhetorische Äußerungen in den Auseinandersetzungen zwischen Iran, Irak und den USA dienen Huntington als weitere Belege. Selbst dem Abkommen zwischen Israel und der PLO über den Gaza Streifen und Jericho wird ein Platz in Huntingtons „Paradigma" eingeräumt - wenn auch als Anomalie, die jedoch, ähnlich den Abkommen des Kalten Krieges, ebenfalls nur Teil der Auseinandersetzung, nicht jedoch eine dauerhafte Problemlösung sei.[79]

Im folgenden geht Huntington auf die Folgerungen seiner Überlegungen für die US-Innenpolitik ein.[80] Da die Sprache eine

---

[76] Huntington, Samuel P.: If Not Civilizations, What?, a.a.O., S. 189f.
[77] Hier soll nur die Möglichkeit anderer Erklärungen aufgezeigt werden.
[78] Diese fand am 28. Juni 1993 statt und hat ihre Gründe nicht etwa in einer vermeintlichen kulturellen Rückbesinnung Deutschlands, sondern in dem zuvor massiv angestiegenen Mißbrauch des Asylrechts.
[79] Mit letzterem hat Huntington sicher Recht, ob dies jedoch insgesamt seine These untermauert, ist fragwürdig - *Realpolitik* hat immer existiert, unabhängig ob sie sich entlang kulturellen "Fronten" orientiert, oder aber innerhalb eines Staates bzw. einer Religionsgemeinschaft praktiziert wird.
[80] Möglicherweise ist dies sogar die eigentliche Stoßrichtung seiner gesamten Argumentation, bedenkt man, daß Huntington den überwiegenden Teil seiner Publikationen der Rolle der USA in der Welt widmet. Dies wird auch in der

zentrale Rolle bei der Ausprägung einer eigenständigen Kultur spiele, sei etwa die Rückbesinnung der Serben auf die Kyrillische Schrift als Zeichen für die Verfestigung der kulturellen Fronten zu sehen.[81]

„What ultimately counts for people is not political ideology or economic interest. Faith and family, blood and belief, are what people identify with and what they will fight and die for."[82]

Die Ereignisse der späten 1990er Jahre sieht Huntington als Bestätigung seiner Theorie. *„The clash of Civilizations is alive and well in world politics."*[83] Anzeichen dafür seien:

- Die „Orthodoxe Entente" zwischen Bulgarien, Serbien und Griechenland
- Rußlands Bemühungen, diese Staaten um sich zu gruppieren
- Die NATO-Mitgliedschaft Polens, Ungarns und Tschechiens
- Die eskalierende Gewalt zwischen Serben und Albanern im Kosovo.[84]

Buchpublikation des "Clash" deutlich - hier wirft Huntington die Frage auf, ob *der Westen* (und insbesondere die USA) in der Lage sei, die kulturellen Zerfallsprozesse aufzuhalten und umzukehren. Huntington wendet sich insbesondere gegen die seiner Meinung nach schädlichen Versuche, den verschiedenen Kulturen, die in den USA zusammentreffen, mehr Raum zu geben, anstatt eine einheitliche amerikanische Identität zu fördern (COC, S. 301-312). In diesem Zusammenhang wäre auch die Karte zu nennen, welche den Rückgang des weißen Bevölkerungsanteiles verdeutlichen soll (S. 205) Diesen Überlegungen soll im Rahmen dieser Arbeit jedoch nicht nachgegangen werden, im Mittelpunkt stehen Huntingtons Gedanken im Bezug auf das Staatensystem des 21. Jahrhunderts.

[81] Nicht erwähnt wird freilich der nur geringfügige Unterschied zwischen der serbischen und der kroatischen Sprache.

[82] Huntington, Samuel P.: If Not Civilizations, What, a.a.O., S. 194. Auffallend ist hier die mangelnde Differenzierung, wenn Huntington von „den Menschen" spricht - der Stellenwert, den die eigene Kultur im Wertesystem des einzelnen Menschen genießt, ist - paradoxerweise - von Kultur zu Kultur sehr verschieden. Auch spielen Bildung, soziale Stellung und andere Faktoren eine große Rolle bei der Bewertung der eigenen Kultur. So wird die Aussage "Culture is to Die for" je nach befragter Gruppe auf äußerst unterschiedliche Reaktionen stoßen.

[83] Huntington, Samuel P.: Keynote Address – Colorado College's 125th Anniversary Symposium: Cultures in the 21st century: Conflicts and Convergences, Delivered at Colorado College February 4th, 1999. <http://www.coloradocollege.edu/Academics/Anniversary/Transcripts/HuntingtonTXT.htm>

[84] Von den genannten Punkten sind, wie in Kap. 4 zu zeigen sein wird, die ersten beiden schlichtweg falsch, der letzte übergeht vollkommen, daß die NATO unter

3. Zur Rolle von Religion und kultureller Identität auf dem Balkan

Religion ist zweifellos ein wichtiges kulturelles Identifikationsmerkmal. Dies gilt auch für die Balkanregion.[85] Die traditionelle Zuordnung der Albaner zum Islam, der Serben, Montenegriner und Mazedonier zur orthodoxen Kirche, sowie der Kroaten und Slowenen zum Katholizismus ist jedoch zunächst ethnisch-kulturell zu betrachten und bedeutet nicht automatisch die wirkliche religiöse Zugehörigkeit zu einer dieser Glaubensgemeinschaften. Volkszählungsdaten existieren lediglich für die Jahre 1953 und 1991. Sicher ist, daß der Anteil der Atheisten bzw. Religionslosen seit 1953 (12,3%) zunahm.[86]

Über das Kosovo in der Zeit unter bulgarischer oder byzantinischer Herrschaft ist wenig bekannt.[87] Daher muß jeder Zeitpunkt, der als Ausgangspunkt für die Darstellung der religiösen Einflüsse in dieser Region gewählt wird, willkürlich erscheinen - *„All origins become mysterious if we search far enough into the past"*[88].

Anstatt einen geschichtlichen Überblick zu geben, sollen nun einzelne Ereignisse betrachtet werden, anhand derer der religiöse Einfluß des Katholizismus, der Orthodoxie und des Islam aufgezeigt werden kann. Eines dieser Ereignisse ist die Schlacht um das Amselfeld[89] im Jahr 1389, da sie einerseits den Verfall serbischer Staatlichkeit,

---

Führung des westlichen „Kernstaates" USA zu dieser Zeit bereits erheblichen Druck auf Belgrad ausübte – Zugunsten der muslimischen Kosovo-Albaner. Von daher ist die Kritik, Huntington ziehe Fakten selektiv heran bzw. ignoriere sie, durchaus berechtigt. In einem Interview mit der Hamburger Zeitung „Die Woche" redet Huntington davon, Rußland unterstütze die serbische Seite stark. Der Ton der russischen Regierung ließ dies zwar zeitweise vermuten, spätestens mit dem Eingreifen der NATO war jedoch keine russische „Unterstützung" für Serbien mehr zu spüren. „Kampf der Kulturen in Deutschland" – Interview mit Samuel P. Huntington, in: „Die Woche vom 20. November 1998 zit. nach <http://www.sqr.de/hp/HTML/HP8/Huntington.html>

[85] Duijzings, Ger: Religion and the Politics of Identity in Kosovo, London 2000, S. 157. Der Autor weist dies anhand einer lokalen und einer nationalen Betrachtungsebene nach.
[86] Grulich, Rudolf: Die Religionsgemeinschaften im ehemaligen Jugoslawien (Teil 1), in: Melcic, Dunja: Der Jugoslawien-Krieg, Opladen / Wiesbaden 1999, S. 227.
[87] Malcolm, Noel: Kosovo - a Short History, London, Basingstoke 1998, S. 41.
[88] Ebd., S. 22.
[89] Siehe dazu Kap. 3.4.

andererseits den Beginn der osmanischen - und damit islamischen - Herrschaft in der Region einleitete.[90] Die Schlacht, über deren Verlauf wenige Fakten als sicher gelten, und über deren Folgen widersprüchliche Auffassungen herrschen[91], stellt für Serben wie für Albaner einen wichtigen geschichtlichen Bezugspunkt dar.

Vom 12. bis zum 14. Jahrhundert entstanden in der Region zahlreiche christliche, vom 15. bis zum 18. Jahrhundert zahlreiche islamische Bauten, von denen jedoch viele im Verlauf des Krieges 1998/99 und auch nach Einrücken der KFOR zerstört wurden.[92]

Die Erfahrungen des ersten jugoslawischen Staates sowie des zweiten Weltkrieges führten schließlich zu einer Verhärtung der religiösen Fronten. Während die Kroaten die serbisch-orthodoxe Kirche für die Unterdrückung verantwortlich machten, gaben die Serben der katholischen Kirche eine Mitschuld an den Verbrechen des Ustascha-Regimes. Diese Frontstellung tauchte auch während des Bosnien-Krieges auf, in dem die Kirchen die Positionen der jeweiligen politischen Führung übernahmen.[93]

Dies hat sich insbesondere während des Bosnienkrieges gezeigt, in dem orthodoxe Serben katholischen Kroaten, aber auch muslimischen Bosniern in wechselnden Allianzen gegenüberstanden.[94] Die serbisch-orthodoxe Kirche trug durch ihre verklärende Darstellung der Geschichte, insbesondere der des Zweiten Weltkrieges und der Proteste im Kosovo 1981 zur Schaffung einer militanten Stimmung bei. Imame riefen die muslimische Bevölkerung dazu auf, keine Ehen

---

[90] Ohme, Heinz: Das Kosovo und die Serbische Orthodoxe Kirche – Öffentlicher Vortrag, 14. Juni 1999, Berlin (Broschüre)

[91] Malcolm, S. 62. So herrscht z.B. Uneinigkeit über die Zusammensetzung der Armeen. Während serbische Historiker dazu tendieren, die albanischen Truppen in Prinz Lazars Armee nicht oder nur unzureichend zu erwähnen, stellen albanische Historiker diese Truppen besonders heraus.

[92] Hetzer, Armin: Kultur und Konflikt im Kosovo, in: Bayerische Landeszentrale für politische Bildungsarbeit (Hg.): Der Kosovo-Konflikt - Ursachen - Akteure - Verlauf, München 2000, S. 109.

[93] Bremer, Thomas: Die Religionsgemeinschaften im ehemaligen Jugoslawien (Teil 2), in: Melcic, Dunja: Der Jugoslawien-Krieg, Opladen / Wiesbaden 1999, S. 235-248, S. 245f.

[94] Vgl. dazu Ramet, Sabrina Petra: Balkanbabel – The Disintegration of Yugoslavia from the Death of Tito to Ethnic War, Boulder, Oxford 1996. Ramet macht den Einfluß der Kirchen zu einem erheblichen Maß für den Krieg verantwortlich. (S. 275-293).

mit Nichtmuslimen einzugehen.[95]

Die religiöse Spaltung trug mit dazu bei, daß sich die Teilungspläne nach Kriegsende radikal umsetzen ließen und ethnisch homogene Gebiete entstanden. Die Priester flohen mit der Bevölkerung aus den Gebieten, die vom Gegner besetzt wurden.[96]

Die Konfliktparteien des Bosnienkrieges bedienten sich der Religion, um die Teilungspläne zu rechtfertigen. Der gegenseitige Haß wurde propagandistisch gefördert, als es darum ging, die verschiedenen Bevölkerungsgruppen gegeneinander aufzuwiegeln.[97]

In der moslemischen Welt wurde der Bosnienkrieg teils als christlicher Kreuzzug gegen den Islam wahrgenommen. Die Empörung verwundert nicht, hält man sich die Ereignisse in den sogenannten „Schutzzonen" wie Srebrenica vor Augen. UN-Blauhelme verhinderten weder die Einnahme der Stadt durch serbische Truppen noch die Ermordung zahlreicher Moslems. Dies führte zu einer verstärkten Rückbesinnung auf die eigene, nämlich islamische Identität. In der Folgezeit stiegen Moscheenbesuche an, vermehrt trugen Frauen Schleier.[98]

3.1. Die Albaner

Die Albaner betrachten sich als Nachfolger der antiken Illyrer und leiten daraus ihren historischen Anspruch auf das Kosovo ab, da die illyrische Besiedlung der Region lange vor der frühmittelalterlichen slawischen Zuwanderung stattfand.[99]

---

[95] Ramet: Balkanbabel, S. 276f.
[96] Bremer, a.a.O., S. 247.
[97] Samary, Catherine: Weder Glaubenskrieg noch Völkerhaß - bosnische Muslime zwischen Teilungsplänen, Großmachtinteressen und islamischer Solidarität, in: Hafez, Kai (Hg.): Der Islam und der Westen, Frankfurt 1997, S. 150-161. Hier ist anzumerken, daß Samary diese Aussagen im folgenden Text teils selbst entkräftet, etwa in dem sie die konfliktreiche Geschichte Jugoslawiens erzählt, in der es sehr wohl Anhaltspunkte für einen lang andauernden Völkerhaß gibt. Man denke an die Zeit des Bürgerkriegs, in der serbische Tschetniks dazu tendierten, ganze Völker für etwaige historische Fehlentwicklungen verantwortlich zu machen. Bosnische Moslems wurden und werden verächtlich als "Türken" bezeichnet. Samary, S. 154f
[98] Samary, S. 159.
[99] Clewing, Conrad: Mythen und Fakten zur Ethnostruktur des Kosovo - Ein

Der Islam genießt in Albanien und im Kosovo sicher nicht den Einfluß, den er beispielsweise in den arabischen Staaten ausübt. Im Gegensatz zum – religiös verbrämten – serbischen weist der albanische Nationalismus keine starken religiösen Elemente auf.[100] Dies mag zum einen damit zusammenhängen, daß die Region an der Peripherie des osmanischen Reiches, fernab von den Zentren des Islam lag. Zum andern brachten die osmanischen Herrscher den Traditionen und Bräuchen der unterworfenen Völker Gleichgültigkeit entgegen. So genoß die militärische Expansion Vorrang vor der religiösen Bekehrung. Solange die Provinzen Soldaten stellten bzw. Steuern zahlten, war die vorherrschende Religion von untergeordneter Bedeutung.[101] Die religiöse Toleranz entsprang also militärisch-politischem Pragmatismus.

Dementsprechend kam die Islamisierung des Kosovo nur schleppend in Gang und fand zunächst nur in den Städten, nicht aber den ländlichen Gebieten statt - auch 1480 gab es noch keine Muslime in den Dörfern um Prizren. Gut 100 Jahre später bot sich ein anderes Bild, die moslemische Bevölkerung war deutlich angewachsen. Die Gründe hierfür liegen v.a. im Übertritt der örtlichen Bevölkerung, wenn auch eine geringe Zuwanderung von Türken existierte. Es bot Vorteile, sich dem Islam anzuschließen, konnten dadurch doch die lästigen Zusatzsteuern für Nichtmoslems umgangen werden.[102] Eine einheitliche Haltung der Albaner zum Islam existierte nie: ein Teil der Bevölkerung konvertierte, während andere sich als Muslime ausgaben und weiterhin das Christentum praktizierten oder ihr Heil in den Bektaschi-Orden suchten, die unterschiedlichste religiöse Einflüsse vermischten und gleichzeitig als Hochburgen der albanischen Nationalbewegung fungierten.[103]

Die Lage für die verbliebenen Christen verschärfte sich erst, als die osmanischen Kriege gegen christliche Mächte an Schärfe und Dauer zunahmen. Ende des 16. und Anfang des 17. Jahrhunderts kam es zu Repressionen, denen örtliche Aufstände folgten. Diese richteten sich

---

geschichtlicher Überblick, in: Bayerische Landeszentrale für politische Bildungsarbeit (Hg.): Der Kosovo-Konflikt - Ursachen - Akteure - Verlauf, München 2000, S. 21.
[100] Duijzings, S. 157.
[101] Malcolm, S. 95.
[102] Ebd., S. 105-107.
[103] Maliqi, Shkëlzen: Die politische Geschichte des Kosovo, in: Melcic, Dunja: Der Jugoslawien-Krieg, Opladen / Wiesbaden 1999, S. 122.

teils gegen die osmanische Herrschaft insgesamt, teils gegen neue Steuern und Abgaben, oder gegen einzelne Amtsträger. Fälschlicherweise wurden die lokalen Rebellionen später sowohl von Serben als auch von Albanern als - jeweils eigener - nationaler Befreiungskampf verklärt.[104] Hierbei wird jedoch übersehen, daß es oft zu Zusammenarbeit zwischen Albanern und Serben gegen die türkische Herrschaft kam. Albanische Rebellen und serbische Truppen kämpften Ende des 17. Jahrhunderts auf Seiten der Österreicher gegen die Türken. Es kam zu einem Massenexodus der Zivilbevölkerung, als türkische Truppen die Gebiete zurückeroberten[105]. Ein - ganz der Logik der letzten Balkankriege entsprechendes - bis in die Gegenwart reichendes Vorbild.

Während die anderen Balkanvölker beim Kampf um nationale Unabhängigkeit erfolgreich waren, gelang es Albanern im 19. Jahrhundert nicht, sich zu einigen und die osmanische Herrschaft zu beseitigen. Ein Grund hierfür könnte die religiöse Spaltung sein: Zu dieser Zeit hatten 65% der Albaner den islamischen Glauben angenommen, 20% waren christlich-orthodox, 15% katholisch.

Die Bestrebungen der nationalen Unabhängigkeitsbewegungen mußten also darauf hinauslaufen, die religiöse Identität zugunsten der nationalen zu verdrängen. Im Jahre 1879/80 wird das Gedicht "Oh armes Albanien" veröffentlicht, in dem Pashko Vasa, der aus einer katholischen Region Nordalbaniens stammte, das Schicksal der geteilten Nation beklagt. Der einzig wahre Glaube der Albaner sei ihr Albanertum. Dies war auch das Motto der Nationalbewegung.[106]

Die europäischen Großmächte, die auf dem Berliner Kongreß von 1878 die Existenz einer albanischen Nation geleugnet hatten, waren erst nach dem Balkankrieg im Mai 1913 bereit, die Gründung eines albanischen Fürstentums (exklusive des Kosovo, Westmakedoniens und Epirus', wo ein Großteil der Albaner lebte) zu gestatten. Das Kosovo geriet unter serbische Herrschaft. Zu Beginn des ersten

---

[104] Malcolm, 118f. Noch immer existiert diese Sichtweise in den Balkanstaaten. Die rivalisierenden Clans nutzten die Berge und Wälder als Ausgangsbasis für ihre Beutezüge und als Verstecke – dies bietet viel Stoff für romantische Mythen.
[105] Maliqi, S.122.
[106] Vasa, Pashko: O moj Shqypni, in: Elsie, Robert: History of Albanian Literature, 2 vols, East European Monographs, CCCLXXIX, New York zit. nach Duijzings, S. 160. Vgl. auch Maliqi, S. 120-134, S. 123.

Weltkrieges besetzten österreichische Truppen die Provinz - Albanisch wurde zur Verwaltungssprache. Schon bald jedoch besetzten und annektierten Serben erneut das Kosovo. Der neugeschaffene jugoslawische Staat bemühte sich um die Änderung des demographischen Verhältnisses zwischen Serben und Albanern - eine aggressive Siedlungs- und Repressionspolitik setzte ein, ein großangelegtes staatliches Programm sollte zur Auswanderung der 400.000 Kosovo-Albaner in die Türkei führen. Ein entsprechendes Abkommen wurde 1938 unterzeichnet, kam jedoch wegen des zweiten Weltkrieges nicht zur Ausführung.[107] Das Kosovo wurde geteilt und deutscher, italienischer und bulgarischer Verwaltung unterstellt, wobei der größte Teil unter italienischer Herrschaft mit Albanien vereinigt wurde. Für die Albaner bedeutete dies zumindest kulturelle Selbständigkeit, die Serben hatten dagegen schwer unter der Besatzungsherrschaft zu leiden. Obwohl sich die deutsche Militärverwaltung um eine gewaltfreie Umsiedlung der noch im Kosovo verbliebenen Serben bemühte, kam es zu schweren Ausschreitungen. Die Kollaboration der Albaner mit den Achsenmächten ging freilich nur so weit, als sie den Griff nach Selbstverwaltung sowie die Rache an der verhaßten serbischen Besatzungsmacht in Aussicht stellte. Mit den Kriegszielen der Deutschen oder Italiener identifizierten sich die wenigsten. Die Aufstellung der albanischen SS-Freiwilligendivision „Skanderberg" verlief äußerst schleppend, es mangelte an Freiwilligen und Einsatzbereitschaft.[108] *„Tatsächlich bekennen sich die Kosovo-Albaner zwar zum größten Teil zum Islam, doch spielt die Religion bei ihnen kaum mehr als eine traditionelle Rolle, insofern sie eben die Kultur geprägt hat."*[109]

Neben dem Islam sunnitischer Prägung existieren im Kosovo auch verschiedene schiitisch und sufisch geprägte Randgruppen, die Derwisch-Orden der im Kosovo lebenden Zigeuner und Scheichs, die mit der sunnitischen Hauptströmung des Islam im Kosovo zerstritten sind.[110]

In sozialistischer Zeit waren die islamischen religiösen Organisationen

---

[107] Maliqi, S. 125f.
[108] Malcolm, S. 294-309.
[109] Bremer, S. 242. Der Autor geht sogar so weit, dem Islam jeglichen politischen Einfluß abzusprechen.
[110] Duijzings, S. 106-131.

von staatlichen Repressionen bedroht. So kam es immer wieder zu Angriffen in den staatlichen Medien. Generell genoß der islamische Bevölkerungsteil in Jugoslawien weniger Duldung der Obrigkeit als die beiden christlichen Kirchen. Diese waren in der Öffentlichkeit weitaus aktiver als ihre moslemischen Gegenüber, hatten mitunter sogar den Mut, polemische und kritische Artikel gegen die Staatsführung zu veröffentlichen. Im Gegensatz dazu befand sich die islamische Religion immer in der Lage, sich gegen den Vorwurf des Separatismus verteidigen zu müssen.[111]

In Albanien gehören nur etwa 55% der Bevölkerung dem traditionellen, sunnitischen Islam an, die übrigen verteilen sich auf die christliche Orthodoxie (20%), die Bektaschi-Orden (15%) und den Katholizismus (10%).[112]

3.2. Die serbisch-orthodoxe Kirche

1219 erklärte sich die serbische Kirche - trotz intensiver Kontakte zu Rom - für unabhängig. Der Mönch Sava, ein Bruder des serbischen Königs, organisierte den Aufbau der Kirche und gilt bis heute als einer der wichtigsten Heiligen Serbiens. Er begründete auch den Erzbischofssitz in Peć (Kosovo).[113]

Bereits ein Jahr nach der Amselfeldschlacht begann sich ein Kult um den gefallenen Prinzen Lazar zu etablieren. Man verehrte ihn als Märtyrer, beschrieb seine Taten. Dabei stand allerdings die Feier des Helden, nicht die Trauer um den Getöteten im Vordergrund. Die Autoren der kultischen Texte, orthodoxe Mönche, schreckten allerdings davor zurück, die Situation als nationale Katastrophe darzustellen - dies wäre politisch höchst unklug gewesen, zumal inzwischen der Sohn Lazars als Vasall des Sultans regierte.[114] In der Zeit der türkischen Herrschaft auf dem Balkan, insbesondere ab 1557, war die orthodoxe Kirche Zentrum des Widerstandes und Trägerin der

---

[111] Ramet, S. 189-191.
[112] Duijzings, S. 158 Anm. 2. Die Angaben stützen sich auf Odile, Daniel: The historical role of the Muslim community in Albania, in: Central Asian Survey (Vol. 9 No. 3) S. 2. Darin wird die Volkszählung aus dem Jahr 1942 zitiert, wobei Duijzings annimmt, daß sich die proportionale Verteilung der Religionszugehörigkeit bis heute nicht geändert hat.
[113] Grulich, S. 231.
[114] Malcolm, S. 77f.

serbischen Kultur.[115]

Die jahrhundertelangen machtpolitischen Auseinandersetzungen hatten für alle Völker und Religionsgruppen schwerwiegendste Folgen. Mit dem osmanischen Vormarsch kam es vielfach zur Flucht der einheimischen Bevölkerung, moslemische Siedler nahmen das eroberte Land in Besitz. Eine Fluchtwelle in die Gegenrichtung wurde mit den türkischen Gebietsverlusten ab 1683 ausgelöst - die vor allem in den Städten ansässigen türkischen Muslime flohen, ebenso wie viele ihrer albanischen und slawischen Glaubensgenossen. Obwohl Serbien und Montenegro offiziell Religionsfreiheit garantierten, kam es zu einer radikalen Beseitigung jeglicher Erinnerung an die islamische Herrschaft.[116] Deutlich zeigte sich der Einfluß der serbisch-orthodoxen Kirche auf den Staat, als es ihr in den 1930 Jahren gelang, ein Konkordat zu verhindern.[117]

Nach der Gründung des faschistischen „Unabhängigen Staates Kroatien" 1941 vertrieb oder ermordete das dortige Regime die verbliebenen Serben - insbesondere die orthodoxe Kirche sah sich härtester Verfolgung ausgesetzt. Fast ein Drittel der 577 orthodoxen Priester in Kroatien wurde ermordet, die übrigen nach Serbien deportiert, wo sich die Kirche Repressionen durch die deutsche Militärverwaltung ausgesetzt sah.[118] Nach dem Krieg bemühte sich der neugeschaffene jugoslawische Staat, den Einfluß der materiell und personell schwer angeschlagenen Kirche weiter zu schwächen. Kirchenbesitz wurde verstaatlicht, bis in die 60er Jahre fanden Verfolgungen statt. Über den Status der mazedonisch-orthodoxen Kirche wurde erst 1958 ein Abkommen erzielt, das sie als von der serbischen Mutterkirche autonom, aber nicht selbständig bezeichnete. Hintergrund war die Anerkennung Makedoniens als Nation im Verlauf des zweiten Weltkrieges - eine zu starke serbische Kontrolle über die Kirche hätte dies in frage stellen und ausländische Ansprüche auf Makedonien begünstigen können. In den 80er Jahren forderte die serbisch-orthodoxe Kirche ein verstärktes staatliches Engagement

---

[115] Grulich, S. 231. Die Orthodoxe Kirche ist auch heute Anwalt der verbliebenen, von Terror bedrohten serbischen Minderheit im Kosovo - so fungiert der nach dem Kirchengründer benannte Pater Sava in der serbischen Enklave Gracanica als Fürsprecher serbischer Interessen. Der Spiegel Nr. 45 vom 6.11.2000: "Strohalm in der Gottlosigkeit", S. 258.
[116] Grulich, S. 231.
[117] Bremer, S. 235.
[118] Bremer, S. 235-248 und S. 236.

zugunsten der in Kroatien, in Bosnien-Herzegowina und im Kosovo lebenden Serben. Dies fiel mit den Interessen der Staatsführung zusammen, seit Milošević den serbischen Nationalismus als Instrument der Politik für sich entdeckt hatte. Daher unterstützte das Regime den Kurs der Kirchenleitung, insbesondere in der Kosovo Frage deckten sich die Interessen. Die kirchliche Berichterstattung wies immer wieder auf die albanischen Anschläge im Kosovo hin und erinnerte in diesem Zusammenhang an die von Kroaten begangenen Verbrechen an Serben. Die serbisch-orthodoxe Kirche stellte die Vorgänge im Kosovo und den kroatischen Ustascha-Terror in einen Zusammenhang, etwa durch die Terminologie vom „Genozid an den Serben." 1989 nahmen kirchliche Vertreter an der 600-Jahr-Feier der Amselfeldschlacht teil. Bei der staatlichen Unterstützung für die Kirche wurde allerdings mehr Wert auf Prestige denn auf die wirklichen Bedürfnisse der Kirche gelegt. Der Bau der Sava-Kirche in Belgrad wurde genehmigt, für einen verwaltungstechnisch notwendigen Neubau blieb die Genehmigung jedoch aus, zudem erlaubte der Staat weder Religionsunterricht noch Militärseelsorge, eine Rückgabe des enteigneten Kirchenbesitzes blieb aus. So blieb die Zusammenarbeit zwischen den ungleichen Partnern Staat und Kirche auf die wesentlichen Interessenüberschneidungen begrenzt, zumal Teile der Kirchenführung promonarchistisch waren.[119] Trotzdem genoß die orthodoxe Kirche unter Milošević mehr Freiraum als zuvor.[120]

Während des Kosovo-Krieges verurteilte die Kirche die NATO-Angriffe schärfstens. Als deutlich wurde, daß Milošević nicht in der Lage war, das Kosovo zu verteidigen, stellten sich orthodoxe Priester zunehmend gegen ihn.[121]

Allerdings existierten auch Gegenbeispiele zu der nationalistischen Strömung innerhalb der Kirche: Der serbische Priester von Gračanica, der heute von KFOR-Truppen beschützt werden muß, nahm während der Luftangriffe Albaner in seiner Kirche auf und bedauerte das brutale Vorgehen der serbischen Truppen.[122]

---

[119] Bremer, S. 236f.
[120] Ramet, Balkanbabel, S. 280.
[121] Kalnoky, Boris: Serbiens Kirche kämpft um das Kosovo
<http://www.welt.de/daten/1999/06/18/0618eu118243.htx>
[122] Rohde, David: Kosovo Seething, in: Foreign Affairs Vol. 79 No 3 (2000), S. 73.

Der Krieg brachte die serbisch-orthodoxe und die katholische Kirche dazu, gemeinsam die Gewalt im Kosovo zu verurteilen.[123] Der orthodoxe Bischof des Kosovo Artemije (Radosavljević) reiste im Vorfeld des Krieges mehrmals in die USA und distanzierte sich von der autoritären Belgrader Regierung. Er fand jedoch kein Gehör bei den Abgeordneten des US-Kongresses.[124]

3.3. Der Balkan und der Panslawismus

Rußland verfolgte auf dem Balkan nie eine umfassende und kontinuierliche Strategie. Faktisch wurde dadurch eher die Zerstrittenheit der zahlreichen Interessengruppen gefördert, als deren Einheit gestärkt. 1774 machte sich Rußland offiziell zur Schutzmacht der orthodoxen Balkanslawen. Dies verhinderte jedoch nicht eine klassisch imperialistische Machtpolitik, die mitunter auf Kosten der Eigenständigkeit der zu "schützenden" Völker ging.[125] Bereits Leopold von Ranke stellte fest, daß die russischen Versuche, den serbischen Aufstand von 1804 zu unterstützen, daran krankten, daß die Russen nicht wußten, welcher der zerstrittenen serbischen Gruppen sie hätten zu Hilfe kommen sollen.[126]
Die Versuche Rußlands (und die der Sowjetunion), sich als Schutzmacht der Serben auf dem Balkan zu etablieren, scheiterten zumeist an der Eigenständigkeit der serbischen Nationalbewegung. Nach 1878 und erneut nach 1945, als Serbien seine Interessen mit Hilfe der Großmacht durchzusetzen vermochte, kam es zu einer Entfremdung der Regierungen, weil die serbischen Nationalinteressen auf dem Balkan denen des Partnerstaates zuwider liefen.[127]
Im 19. Jahrhundert geriet Serbien ins Visier der Großmachtinteressen Österreichs, Rußlands und des Osmanischen Reiches. Dieses wurde

---

[123] Englisch, Andreas: Der Krieg bringt den Frieden der Kirchen <http://www.welt.de/daten/1999/05/ 10/0510au66060.htx>
[124] Ohme, S. 14.
[125] Oschlies, Wolf: Russische Balkanpolitik – Mythos in realpolitischer Bewährung?, in: Bundesinstitut für ostwissenschaftliche und internationale Studien (Hg.): Rußland in Europa? Innere Entwicklungen und internationale Beziehungen – heute, Köln, Weimar, Wien 2000, S. 229.
[126] Ranke, Leopold: Die serbische Revolution – Aus serbischen Papieren und Mittheilungen, Hamburg 1829, zit. nach Oschlies, Wolf: Russische Balkanpolitik, S. 229.
[127] Stepanova, Ekaterina: Rußlands Politik in der Kosovo Krise, in: Krause, Joachim (Hg.): Kosovo –Humanitäre Intervention und kooperative Sicherheit in Europa, Opladen 2000, S. 149.

von den Serben als Hauptfeind angesehen, es kam zu Aufständen gegen die türkische Herrschaft. Österreich hingegen setzte auf einen Ausgleich mit dem Osmanischen Reich und war daran interessiert, Serbien zu befrieden. Diese Politik trug schließlich dazu bei, daß sich auch die Habsburger, wenn auch unbeabsichtigt, zu Feinden Serbiens machten. Rußland hingegen war daran interessiert, die Serben zum Werkzeug eigener Interessen, also gegen die beiden anderen den Balkan dominierenden Großmächte, zu machen. Natürlich blieb diese Interessenlage Serbien nicht verborgen, der daraus gezogene Schluß lief auf eine eigenständig-südslawische Politik unter serbischer Führung hinaus.

"Im Grunde haben diese historisch-kulturellen Hintergründe für die praktische Politik nie eine große Rolle gespielt: Wer überhaupt dem Panslawismus anhing, pries die 'slawische Einheit', die allerdings jeder auf andere Weise auslegte: Falls für die Russen der Panslawismus je einen Wert gehabt haben sollte, dann nur als Mittel zur Durchsetzung russisch imperialer Ziele und als 'Hebel' zur Durchbrechung russischer Isolation."[128]

Die „Mischung aus Ignoranz und Arroganz", welche die Moskauer Politik gegenüber den slawischen Staaten kennzeichnete, trug schließlich mit zum jugoslawisch-sowjetischen Bruch von 1956 bei.[129]

---

[128] Oschlies, Wolf: Russische Balkanpolitik, a.a.O., S. 229f. Der Autor macht die Habsburger für die in Europa vorherrschende falsche Perzeption einer tiefgreifenden panslawischen Partnerschaft verantwortlich.

[129] Oschlies, Wolf: Russische Balkanpolitik, a.a.O,S. 230. Oschlies sieht einen geopolitischen Wertverlust des Balkans für Rußland, da der freie Zugang zum Mittelmeer Themen seien, "die bestenfalls als Reminiszenz an das 19. Jahrhundert wirken." (S. 231). Somit hätte der Balkan aufgehört, russische Interessensphäre zu sein. Denkbar ist jedoch auch das Gegenteil: Je mehr die osteuropäischen Staaten in die NATO drängen, desto wichtiger sind regionale Verbündete – wie das Jugoslawien - für Rußland. Hartmann, Jens: Der Mythos vom Brudervolk, <http://www.welt.de/daten/1999/03/26/0326au63588.htx> Zudem finden rüstungstechnische Entwicklungen u.U. erst gefährlich spät Eingang in das strategische Denken der politischen und militärischen Verantwortlichen. Man denke etwa an Stalins Unterschätzung von Atomwaffen zugunsten von industrieller Kapazität.

3.4. Die Amselfeldschlacht als serbischer Nationalmythos

Die Schlacht auf dem Amselfeld („Kosovo polje") wurde am 28. Juni 1389 ausgetragen, als eine Heer von 20.000 überwiegend serbischen Soldaten sich den osmanischen Truppen auf deren Vormarsch gegen den Südbalkan entgegenstellte. Nach der Überlieferung von osmanischen Chroniken, denen die albanische Geschichtsschreibung folgte, nahmen auf Seiten der Serben auch albanische Truppen des Fürsten Jorgi teil.[130] Der serbische Heerführer Fürst Lazar wurde, ebenso wie Sultan Murad, im Verlauf der Schlacht getötet, wenn auch die genauen Umstände unklar sind. Die Schlacht endete mit einer Niederlage der serbisch-albanischen Truppen. Politisch führte der Verlust der Schlacht die serbischen Gebiete lediglich in eine lose Abhängigkeit vom Osmanischen Reich, war also an sich wenig geeignet, den Mythos vom aufopferungsvollen Kampf gegen die ungläubigen Unterdrücker zu nähren. Dies tat vielmehr die kirchliche Darstellung von Fürst Lazars Tod auf dem Schlachtfeld – der Fürst sei ein Märtyrer, der zum Wohle des Volkes und des christlichen Glaubens freudig den Opfertod gewählt habe.[131] Um seine Person ranken sich seitdem zahlreiche Lieder, Gedichte und Gebete. Während der Zeit der osmanischen Herrschaft wurde dieser Kult gepflegt. Er erfüllte die Funktion, die Hoffnung auf eine nationale Wiedergeburt Serbiens wachzuhalten.[132]

Angesichts der großen Bedeutung, welche die Schlacht im Kosovo – und damit auch die ganze Region – im kollektiven Bewußtsein der Serben einnimmt, ist es verständlich, daß die Gedächtnisfeierlichkeiten zum 600. Jahrestag der Schlacht 1989 von Milošević genutzt wurden, um für seine Politik zu werben.

Die Uneinigkeit des historischen Serbien zur Zeit des osmanischen Vormarschs und die Uneinigkeit der jugoslawischen Führung im zweiten Weltkrieg werden in der Rede Miloševićs in einen Zusammenhang gestellt – Innere Zerstrittenheit nutze nur den Gegnern, die versuchten, das Land durch gezieltes Schüren von

---

[130] Hammer-Purgstall, J.: Geschichte des Osmanischen Reiches Bd. 1,2. Ausgabe, S. 176 zit. nach Petritsch, Wolfgang / Kaser, Karl / Pichler, Robert: Kosovo – Kosova. Mythen – Daten - Fakten, Klagenfurt, Wien, Ljubljana u.a. 1999, S. 32.
[131] Petritsch / Kaser / Pichler, S. 34.
[132] Reuter, Jens: Die Entstehung des Kosovo-Problems, in: Aus Politik und Zeitgeschichte B 34/99, S. 5.

Nationalitätenkonflikten zu schwächen. Milošević ruft in der Amselfeldrede zu Geschlossenheit und zu Kooperation zwischen den im Kosovo lebenden Völkern auf.[133]

Während die albanische Nationalbewegung vergeblich versuchte, sich durch den Rückgriff auf religiöse Mythen, etwa die Kerbela-Schlacht, Legitimation zu verschaffen, ging die serbische Amselfeldschlacht-Mythenbildung einen anderen Weg. Von Anfang an waren hier nationale und religiöse Elemente verbunden und steigerten sich im 19. Jahrhundert zum einem religiös untermauerten Nationalismus.[134] Die Symbiose zwischen Nation und Kirche führte dazu, daß in den serbischen Aufständen gegen das Osmanische Reich (ab 1804) zahlreiche orthodoxe Priester aktiv in die Kämpfe eingriffen.[135] So kam es zu einer engen Verbindung zwischen Glauben und Nationalstaatsgedanken, das Kosovo selbst wurde als die Wiege serbischer Kultur, gar als „serbisches Jerusalem" verklärt. Dabei fungierte die Kirche als „Gralshüter des Kosovo-Mythos".[136]

---

[133] <http://www.deuropa.de/yu/kosovo/home.html?redemil.html.> Zumindest in dieser Übersetzung findet sich nicht die von Verteidigunsminister Rudolf Scharping zitierte Forderung nach einem ethnisch homogenen Großserbien. Jens Reuter spricht in seinem Aufsatz ebenfalls von einer *eher zurückhaltenden* Rede . Reuter, Jens: Die Entstehung des Kosovo-Problems, in: Aus Politik und Zeitgeschichte B 34/99, S.3. Vgl. dazu Scharping, Rudolf: Wir dürfen nicht wegsehen. Der Kosovo-Krieg und Europa, Berlin 1999, S. 19. Die Formulierung Milošević', der Ausbruch bewaffneter Konflikte sei möglich, wurde von Beobachtern als psychologische Vorbereitung auf den Krieg verstanden.

[134] Duijzings, S. 176f. Der Kosovo-Mythos deckt auf faszinierende Weise das gesamte Spektrum typischer Mythenbildungen ab; er rankt sich um eine Person, ihren heldenhaft-verklärten Opfertod, es geht um Verrat, eine Abgrenzung gegenüber dem Fremden, den Unabhängigkeitskampf der Nation sowie die religiösen Elemente, die sich im Kampf der serbischen Christen gegen die moslemischen Osmanen zeigen. Dreyer, Michael: Kosovo Polje - Der Mythos Serbiens, in: Dicke, Klaus, Hubel, Helmut (Hg.): Die Krise im Kosovo, Erfurt 1999, S. 5f.

[135] Petrovich, Michael: Religion and ethnicity in Eastern Europe, in: Sugar (ed.): Ethnic diversity and conflict in Eastern Europe, Santa Barbara, S. 373-417, zit. nach Duijzings, S. 177.

[136] Reuter, S.3.

4. Der Krieg um das Kosovo – ein Bruchlinienkrieg?

Wie bei der Definition des Begriffes "Bruchlinienkrieg" gezeigt, ist dessen Anwendung auf den Krieg um das Kosovo *nach Huntington* gerechtfertigt. Die Fragestellung bezieht sich daher, ausgehend vom Krieg um das Kosovo, auf die Schlüssigkeit des Begriffes selbst.

Huntington selbst führt den Konflikt, ja selbst die Unterdrückung der moslemischen Albaner im Kosovo (in der ersten Hälfte der 1990er Jahre) als Beispiel für seine Behauptung an, der Islam sei von "blutigen Grenzen" umgeben. Der historische Konflikt zwischen Griechen und Türken wird von Huntington genannt, ohne ihn jedoch, wie es sich im Sinne seiner Theorie anböte, in einen Zusammenhang mit der Auseinandersetzung im Kosovo zu stellen.[137]

Der Krieg um das Kosovo findet genau an der von Huntington angenommenen neuen, kulturell-religiösen Grenzlinie statt, die nach den Jahrzehnten des Kalten Krieges den Eisernen Vorhang ersetzen werde.[138]

Das Jahr 1999 brachte – global betrachtet - ein Abflauen ethnischer Konflikte mit sich. Als Gründe dafür werden die gestiegenen Bemühungen um internationales Konfliktmanagement genannt.[139] Allerdings gibt es in jüngster Zeit nur wenige Beispiele für friedliche, auf dem Verhandlungswege erreichte, staatliche oder de-facto-staatliche Unabhängigkeit.[140]

4.1. Zum Zerfall Jugoslawiens

„*Der Begriff des Jugoslawismus, wie er von den serbischen Intellektuellen in den achtziger Jahren und am Vorabend des Krieges instrumentalisiert wurde, war nichts anderes als ein Etikettenschwindel für großserbische Ziele. Diese Instrumentalisierung hat zu den serbischen Kriegen und zu den Vertreibungsverbrechen im Kosovo (...) geführt.*"[141]

War der Bundesstaat also nur ein Vorwand, die Interessen des

---

[137] COC, S. 255.
[138] COC, S. 28 und Karte S. 159.
[139] Gurr, Ted Robert: Ethnic Warfare on the Wane, Foreign Affairs Vol. 79 No 3 (2000), S. 54. Gurr zählt für 1999: 23 abflauende, 29 konstant bleibende und 7 eskalierende ethnische Konflikte (einschließlich Kosovo).
[140] Gurr, S. 56.
[141] Melcic, Dunja: Der Jugoslawismus und sein Ende, in: Melcic, Dunja: Der Jugoslawien-Krieg, Opladen / Wiesbaden 1999, S. 225.

stärksten, nämlich des serbischen Volkes durchzusetzen? Auch die serbischen Dissidenten begrüßten die Pläne Miloševićs, gegen die föderative Verfassung Jugoslawiens vorzugehen.[142]

Zwar erhob das kommunistische Jugoslawien Anspruch darauf, ein föderales System zu sein, faktisch war der Staat jedoch unitarisch organisiert. Bewußt wurde die - bereits vorher existierende Ideologie des Jugoslawismus genutzt, um einen Ausgleich zwischen den verschiedenen Völkern zu erreichen. Offiziell wurde zwar die Gleichheit gepredigt, in Wirklichkeit aber existierte eine „ungeschriebene Hierarchie" - in der Serben an erster, die Albaner, zusammen mit den Roma, an letzter Stelle standen. Trotzdem gelang es Tito, seine Form des Sozialismus mit einem gesamtjugoslawischen Patriotismus in Einklang zu bringen und dadurch die Rivalitäten der Völker untereinander in den Hintergrund zu drängen. Dies zeigte sich insbesondere während der ideologischen Auseinandersetzungen mit Stalin, die der Idee des Jugoslawismus neuen Auftrieb gab. Innerhalb der jugoslawischen KP gab es durchaus Modelle für eine Entideologisierung und eine gesellschaftliche Reform, welche die serbische Machtpolitik innerhalb des Staates deutlich begrenzen sollten. Die Diskussion ging darum, entweder die föderativen Elemente der Verfassung weiter auszubauen und so den Nationalitäten einen größeren Handlungsspielraum einzuräumen, oder ob durch Verschmelzung ein einheitliches jugoslawisches „Staatsvolk" geschaffen werden sollte. Tito verwarf diese Pläne und entschied sich für die föderalistische Lösung - in den 60er Jahren wich der Zentralismus einer Stärkung der Republiken, die jedoch nicht konsequent verfolgt wurde - die Folge war die teilweise Vermischung und Überschneidung der ideologischen Auseinandersetzungen mit den latenten, wenn auch nicht offen ausgetragenen Nationalitätenkonflikten. Von daher erscheint es schlüssig, daß Jugoslawien als Staat in dem Moment aufhörte zu existieren, als den Völkern der Weg in die Unabhängigkeit nicht mehr durch die sozialistische Ideologie versperrt war.[143]

4.1.1. Die Instrumentalisierung des Nationalismus

Nach dem Tode Titos im Jahre 1980, insbesondere aber nach dem

---

[142] Ebd.
[143] Ebd, S. 218ff.

Zusammenbruch der sozialistischen Ideologie wurde die Nationalitätenfrage in Jugoslawien wieder zu einem aktuellen Thema von äußerster politischer Brisanz. Im März 1987 machte sich Milošević publikumswirksam zum Anwalt der im Kosovo lebenden Serben, als er Zusammenstöße serbischer Demonstranten mit der Polizei mit den Worten verurteilte, niemand habe das Recht, Serben zu schlagen. Er gewann somit die Unterstützung der nationalen und nationalistischen Kräfte Serbiens. In der Folgezeit knüpfte er Kontakte zu den staatsnahen Medien, die ihn ihm bevorstehenden Machtkampf schließlich unterstützten:[144] Am 25. September 1987 setzte sich Milošević im Machtkampf gegen den - auf Ausgleich der Republiken bedachten - serbischen ZK-Vorsitzenden Ivan Stambolić durch und zwang diesen zum Rücktritt. Miloševićs Programm sah eine Stärkung Serbiens auf Kosten der anderen Republiken vor. Dies setzte jedoch auch eine Unterstützung im nichtserbischen Bevölkerungsteil voraus. So wandte sich Miloševićs Rhetorik zunächst weniger dem serbischen Nationalismus als vielmehr der „antibürokratischen Revolution" zu. In ganz Jugoslawien wirkte Milošević hochgradig polarisierend. Während die meisten Nichtserben seiner Politik mit äußerstem Mißtrauen begegneten, gelang es ihm, die serbische Bevölkerung und sogar Teile der Opposition hinter sich zu einen. Er scheiterte allerdings daran, großserbische Pläne innerhalb des vor 1991 bestehenden Jugoslawiens zu verwirklichen.[145] Die jugoslawische Idee wurde unpopulär, bereits lange, bevor es zur Abspaltung von Slowenien und Kroatien kam.[146]

Das Kosovo spielte für Serbien immer nur eine mythische Rolle, die kulturellen Kontakte der Serben zum Kosovo waren dagegen zumeist oberflächlich, da dort hauptsächlich Albaner wohnten. Dies veranlaßte einen Beobachter zur Aussage „*Viele Serben sind bereit, für Kosovo*

---

[144] „Milošević, Slobodan", in: Bayerische Landeszentrale für politische Bildungsarbeit (Hg.): Der Kosovo-Konflikt - Ursachen - Akteure - Verlauf, München 2000, S. 544.

[145] Ramet: Balkanbabel, a.a.O., S. 26-28 und Rüb, Matthias: Jugoslawien unter Milošević, in: Melcic, Dunja: Der Jugoslawien-Krieg, Opladen / Wiesbaden 1999, S. 332-344. Rüb meint die wesentlichen Wesensmerkmale der Milošević-Politik erkannt zu haben. Diese seien: Verrat als ein immer wiederkehrendes Verhaltensmuster, ein simples Freund-Feind-Schema, Kampf als Prinzip, Rücksichtslosigkeit und offensiver Einsatz von Propaganda. (S.333).

[146] Interview mit Goran Bregovic, vom 14. September 1989, zit. nach Ramet: Balkanbabel, a.a.O., S. 30.

zu sterben, aber niemand hat den Wunsch, dort zu leben. "[147]
Milošević selbst tat wenig, um die im Kosovo lebenden Serben zu unterstützen, lehnte es sogar zeitweise ab, mit ihnen zu verhandeln.[148] Als der Konflikt im Kosovo eskalierte, war Jugoslawien bereits auf Serbien und Montenegro geschrumpft – Milošević war nicht in der Lage, die Sezessionsbestrebungen der nichtserbischen Völker zu unterdrücken.
Bei den Unabhängigkeitsbestrebungen der jugoslawischen Teilrepubliken spielte die Sprachpolitik eine gewichtige Rolle. So waren die Auseinandersetzungen um die jeweils offizielle Landessprache, teils sogar jene um die Rechtschreibung hochgradig politisiert. Die politischen Autoritäten bemühten sich, die Sprache des Kriegsgegners völlig zu verbannen. So wurde selbst ein Radiomoderator aus Sarajewo, der im Jahr 1994 serbische *Antikriegslieder* spielte, vom bosnischen Kulturminister dazu aufgefordert, keine „Aggressorenmusik" zu senden.[149]
Die faktisch bestehende serbokroatische Sprachgemeinschaft, die für fast 140 Jahre bestand, sollte aufgelöst werden. Auf beiden Seiten bemühte man sich darum, die Unterschiede zwischen dem Serbischen und dem Kroatischen herauszustellen. Das kroatische Parlament erklärte kroatisch (in lateinischer Schreibweise) zur offiziellen Landessprache, Restjugoslawien zog im April 1992 mit Serbisch nach. Jugoslawische Linguisten streiten derzeit noch um Schrift und Orthographie.[150]
Miloševićs erscheint in seinen Reden stets gemäßigt. Er verwendet keine glühenden nationalistischen Appelle, sondern stellt sich als Politiker dar, der die Interessen aller in Jugoslawien lebenden Völker vertritt. Dementsprechend fiel auch seine Ansprache am Vorabend der NATO-Angriffe moderat aus. Die Nationalversammlung, so Milošević, habe richtig gehandelt, als sie entschied, keine ausländischen Truppen ins Land zu lassen. Das Engagement für eine

---

[147] Reuter, Jens: Die Entstehung des Kosovo-Problems, a.a.O., S.7.
[148] Ebd., S. 7.
[149] New York Times vom 10. Oktober 1994, S. A3, zit. nach Ramet: Balkanbabel, a.a.O., S. 287.
[150] Grenberg, Robert D.: Language Politics in the Federal Republic of Yugoslavia: The Crisis over the Future of Serbian, in: Slavic Review (Vol. 59 No. 3, Fall 2000), insbes. S. 625 und S. 632. Der Abgang Miloševićs und die angekündigte Hinwendung Jugoslawiens zu Europa lassen vermuten, daß die lateinische Schreibweise eine Aufwertung erfahren wird.

friedliche Lösung der Probleme solle fortgesetzt werden. Es stehe mehr auf dem Spiel, als das Kosovo, nämlich die Freiheit ganz Jugoslawiens. Im Folgenden werden alle Bürger der Landes aufgerufen, ihren alltäglichen Pflichten nachzugehen, dadurch könne die Verteidigungskraft am besten gestärkt werden.[151]

4.1.2. Der internationale Druck

Die Problematik des jugoslawischen Zerfallsprozesses führte zu Schlichtungsbemühungen der KSZE/OSZE (ab 1990), der EG/EU (ab 1991) und der Vereinten Nationen (1992). All diese Versuche erwiesen sich als erfolglos, waren sie doch nicht dazu geeignet, die gewaltsamen Auseinandersetzungen, vor allem in Kroatien und Bosnien, zu verhindern.[152] Im Gegenteil gelang es Milošević' Diplomatie immer wieder, Verhandlungen hinauszuzögern, während die serbisch-jugoslawischen Truppen weitere Gebiete eroberten. Erst mit dem militärischen Eingreifen der NATO in den Bosnienkrieg (ab August 1995) und der Bombardierung von serbischen Stellungen, änderte sich dies. An der Krisendiplomatie um den Kosovo-Konflikt hatten vor allem folgende internationale und supranationale Organisationen und Gremien Anteil:
- die sogenannte "Kontaktgruppe" (bestehend aus Deutschland, Frankreich, Großbritannien, Italien, Rußland und den USA)
- die Europäische Union
- OSZE
- NATO
- G-8
- Die Vereinten Nationen, insbesondere deren Sicherheitsrat.

Von diesen gelang es lediglich der NATO, den G-8 und dem Sicherheitsrat der Vereinten Nationen, während der Kosovo-Krise maßgeblichen Einfluß auszuüben. Die einflußreichsten staatlichen

---

[151] Fernsehansprache des jugoslawischen Präsidenten Slobodan Milošević vom 24. März 1999 (Wortlaut), in: Blätter für deutsche und internationale Politik Nr. 5/1999, S. 632f.
[152] Rupnik, Jacques: Die Welt im Balkanspiegel: das Agieren der Großmächte, in: Melcic, Dunja: Der Jugoslawien-Krieg, Opladen / Wiesbaden 1999, S. 463-477, S. 463.

Akteure waren die USA und Rußland.[153]

Auf Seiten der NATO gab man zunächst einer militärisch unterstützten Diplomatie den Vorrang, da man glaubte, Milošević werde, wie schon 1995, vor Feindseligkeiten mit der Allianz zurückschrecken bzw. nach Drohgesten Einlenken. Im Juni 1998 wurden NATO- Luftmanöver abgehalten, gleichzeitig wurde die Präsenz in der Region verstärkt. Dies schien zunächst Erfolg zu haben, ein Abkommen sah einen von OSZE-Beobachtern zu überprüfenden Waffenstillstand im Kosovo vor.[154] Erst als dies scheiterte, verschärfte das Bündnis seine Drohungen und nahm schließlich das vermeintliche Massaker von Raçak[155] sowie die humanitäre Krise zum Vorwand, in den Konflikt einzugreifen.

Großen Einfluß bei der diplomatischen Lösung des Konfliktes hatten die G-8, deren Zusammensetzung sich jedoch - bis auf die Mitgliedschaft Japans und Kanadas – nicht von jener der "Kontaktgruppe" unterschied. Trotzdem waren es die G-8, die schließlich den von Milošević akzeptierten Plan vorlegten (welcher der serbischen Seite mehr Zugeständnisse machte, als es das gescheiterte Abkommen von Rambouillet vorsah).[156]

Der Sicherheitsrat der Vereinten Nationen blieb zunächst weitgehend

---

[153] Schnabel, Albrecht: Political Cooperation in Retrospect: Contact Group, EU, OSCE, NATO, G-8 and UN Working toward a Kosovo Settlement, in: Krause, Joachim / Spillmann, Kurt R.: Kosovo: Lessons Learned for International Cooperative Security (Studies in Contemporary history and security policy, Vol. 5), Bern, Berlin, Bruxelles u.a. 2000, S. 24.

[154] Schnabel, S. 30.

[155] Der Bericht der finnischen Untersuchungskommission bestätigt, daß im Fall Raçak *keine* Hinweise auf Hinrichtungen existieren. Dies ist bedeutsam, weil die NATO das vermeintliche Massaker als Vorwand für ihr Eingreifen nutzte. „Keine Beweise für Massaker von Raçak", in: Spiegel online 3/2001, <http://www.spiegel.de/politik/ausland/0,1518,112775,00.html> Zuvor wurde diese Theorie bereits von einigen Autoren vertreten. Vgl. Khan, Mansur: Das Kosovo-Komplott – Vom Balkankrieg zur US-Weltherrschaft, Tübingen 2000, S.93. Khan geht davon aus, daß die in Raçak gezeigten Opfer in Wirklichkeit auf die Kämpfe zwischen der UÇK und der jugoslawischen Polizei zurückzuführen waren, nicht aber, wie behauptet, auf willkürliche, spontane Hinrichtungen. Als Belege führt er die gravierenden Widersprüche zwischen den Aussagen des amerikanischen Leiters der OSZE-Mission im Kosovo, Walker, und den (mit Billigung der jugoslawischen Sicherheitskräfte) anwesenden Journalisten an. Die Vorgänge in Raçak sind deswegen so bedeutsam, weil sie der NATO als Argument dienten, den Krieg gegen Jugoslawien zu beginnen.

[156] Schnabel, S. 34.

ineffektiv, da die ständigen Mitglieder Rußland und China nicht bereit waren, die NATO-Vorgehensweise zu autorisieren. Erst mit dem Waffenstillstand und dem von den G-8 vorgelegten Plan trat der Sicherheitsrat wieder in Aktion und unterstützte (bei Enthaltung Chinas) eine internationale zivile und militärische Präsenz im Kosovo.[157]

Ein Eingreifen der NATO in den Kosovo-Konflikt wurde erst in Erwägung gezogen, als die Auseinandersetzungen das Ausmaß eines Krieges zwischen UÇK und jugoslawischer Bundesarmee angenommen hatten - so lange sich der Konflikt auf terroristischem Niveau abspielte, kam ein Eingreifen der Allianz nicht in Frage. Die NATO befand sich von Anfang an in dem Zwiespalt, einerseits die Vertreibung der Zivilbevölkerung zu verhindern, andererseits jedoch nicht in den Verdacht zu geraten, Partei für eine Gruppe von Terroristen zu ergreifen. So wurde das eigentliche Ziel der UÇK, die staatliche Unabhängigkeit des Kosovo, von der NATO als inakzeptabel zurückgewiesen - dies führte zu der heutigen, paradoxen Situation des juristischen Verbleibs der Provinz innerhalb Serbiens.

Die NATO mußte während der Verhandlungsphase, insbesondere aber für die Dauer des Krieges Rücksicht auf die heterogene Interessenlage ihrer Mitgliedsstaaten nehmen – Außenseiter waren hier sicherlich Griechenland, aufgrund seiner traditionellen Bindung an Serbien sowie Ungarn, das gerade neu in die NATO aufgenommen wurde und aufgrund der ungarischen Minderheit in der serbischen Provinz Vojvodina zu einer moderaten Politik gezwungen ist.[158]

Auffallend an der Vorgehensweise der NATO war, daß der Handlungsdruck, unter den sie schließlich geriet, von ihr selbst erzeugt wurde. So lautete ein Argument für die Angriffe, die NATO *müßte* gegen Jugoslawien vorgehen, um glaubwürdig zu bleiben.[159]

---

[157] Ebd., S. 34f.
[158] Erhardt, Hans-Georg / Karádi, Matthias Z.: Krieg auf dem Balkan. Lage, Interessen, Optionen, Lehren und Perspektiven, in: Lutz, Dieter S. (Hg.): Der Krieg im Kosovo und das Versagen der Politik (Demokratie, Sicherheit, Frieden Band 128), Baden-Baden 2000, S. 179-213, S. 188.
[159] Chomsky, Noam: Zur Logik des militärischen Humanismus, in: Blätter für deutsche und internationale Politik Nr. 4 (2000), S. 423ff und Czempiel, Ernst-Otto: Die NATO als Weltpolizist, in: Bittermann, Klaus / Deichmann, Thomas (Hg.): Wie Dr. Joseph Fischer lernte, die Bombe zu lieben : die SPD, die Gruenen, die Nato und der Krieg auf dem Balkan, Berlin 1999, S. 94-97. Czempiel plädierte für einen multilateralen Verhandlungsansatz, der auch die

Während der Verhandlungen in Rambouillet war allerdings Annex B des militärischen Implementierungsteils umstritten: Die serbische Seite bezeichnete diesen Vertragsteil als für sie „nicht existent".[160] Hält man sich den weitreichenden Souveränitätsverlust Jugoslawiens vor Augen, der mit der Unterzeichnung verbunden gewesen wäre, so ergab sich zwingend eine Ablehnung des Vertrages durch die serbische Delegation. Der Glaube der westlichen Politik, das Dayton-Abkommen wortwörtlich auf das Kosovo übertragen zu können, erwies sich als falsch – Im Kosovo ging es um den historisch bedeutsamsten Teil Serbiens, während die bosnische Serbenrepublik ein neugeschaffenes Gefüge war. Es war daher nicht zu erwarten, daß Serbien den westlichen Truppen den gleichen Handlungsspielraum zubilligen würde, den diese in Bosnien genießen.

Die Europäische Gemeinschaft (später Europäische Union) tat sich von Anfang an schwer bei der Formulierung einer gemeinsamen Balkanpolitik. Eine Front, die durch die EU verläuft, ist die unterschiedlichen Prioritätensetzung. Soll eine Erweiterung oder eine Vertiefung der EU im Vordergrund stehen?[161]

Nachbarstaaten und gesellschaftliche Gruppen in Jugoslawien einbezogen hätte. Er warnt davor, daß Staaten wie Rußland oder China sich zukünftig auf das eigenmächtige Vorgehen der NATO berufen könnten, um eigene Machtpolitik zu betreiben (S. 96).

[160] Zumach, Andreas: "80 Prozent unserer Vorstellungen werden durchgepeitscht" - die letzte Chance von Rambouillet und die Geheimdiplomatie um den "Annex B", in: Schmid, Thomas: Krieg im Kosovo, Hamburg 1999, S.79. In diesem Anhang zum Vertrag geht es um den Status und die Bewegungsfreiheit der im Kosovo zu stationierenden NATO-Truppen. Artikel 8 lautet: "*Das NATO-Personal wird, zusammen mit seinen Fahrzeugen, Schiffen, Flugzeugen und Ausrüstungsgegenständen, in der gesamten Bundesrepublik Jugoslawien freien und ungehinderten Zugang genießen, unter Einschluß ihres Luftraumes und ihrer Territorialgewässer. Dies schließt das Recht ein, beschränkt sich aber nicht darauf, Feldlager zu errichten, zu manövrieren, sich einzuquartieren und alle Gebiete und Einrichtungen zu nutzen, die erforderlich sind für Unterstützung, Übung und Operationen.*" Artikel 22 sieht gar vor, im Bedarfsfall "*Verbesserungen und Veränderungen*" an Infrastruktureinrichtungen der Bundesrepublik Jugoslawien durch die NATO vorzunehmen. Zit. nach der (in Ausgabe 6/1999 der Blätter für deutsche und internationale Politik, S. 767) berichtigten Fassung des vorläufigen Abkommens für Frieden und Selbstverwaltung im Kosovo, Rambouillet, 23. Februar 1999 (Auszüge), in: Blätter für deutsche und internationale Politik, Bd. 5/1999, S. 611-630.

[161] Varwick, Johannes: Die EU nach dem Kosovo-Krieg, in: Krause, Joachim (Hg.): Kosovo – Humanitäre Intervention und kooperative Sicherheit in Europa,

Die EU verfolgte zusammen mit OSZE und NATO einen umfassenden Konfliktlösungsansatz. Während die NATO militärischen Druck ausübte, begleiteten OSZE und EU diese Vorgehensweise durch diplomatische Aktivitäten und humanitäre Hilfe für die Flüchtlinge.[162]

4.2. Das Kosovo als serbische Provinz

4.2.1. Demographische Wandlung und innere Konflikte

Huntington geht davon aus, daß die "demographische Explosion" innerhalb der islamischen Welt zu einer Destabilisierung vieler Staaten und Weltregionen führen werde.[163]

In Jugoslawien, insbesondere im Kosovo, fand eine gewaltige demographische Veränderung statt. Von 1948 bis 1991 kam es fast zu einer Verdreifachung der albanischen Bevölkerung innerhalb Jugoslawiens. Dabei war das Kosovo zugleich die wirtschaftlich schwächste und die am dichtesten besiedelte Region des Staates:

1990: Prozent am/an der jugoslawischen

	Bevölkerung	Ausfuhr	Einfuhr	National-produkt
Slowenien	8,2	30,2	33,4	16,5
Kroatien	19,7	20,4	23,5	25,0
Bosnien-Herzegowina	19,0	14,4	10,0	12,9
Montenegro	2,7	1,6	1,0	2,0
Makedonien	8,9	4,0	5,6	5,8
Serbien	41,5	30,2	33,4	38,0
-Engeres	24,6	20,7	21,0	25,6
-Vojvodina	8,6	8,3	11,4	10,3
-Kosovo	8,3	1,2	1,0	2,1

Die Arbeitslosenquote im Kosovo betrug 1990 36,6% (im Vergleich

---

Opladen 2000,S. 188.
[162] Rieks, Ansgar / Weigold, Dieter: Der Kosovo-Konflikt – eine militärpolitische Auswertung, in: Krause, Joachim (Hg.): Kosovo –Humanitäre Intervention und kooperative Sicherheit in Europa, Opladen 2000, S.18.
[163] COC, S. 259-265.

dazu: Serbien ohne Kosovo und Vojvodina: 15,4%).[164] Dies begünstigte sicherlich Konkurrenzdenken bis hin zu Feindseligkeiten zwischen den Volksgruppen.

Die Spannungen existierten bereits lange bevor Milošević den serbischen Nationalismus als Machtinstrument für sich entdeckte. Im Kosovo waren Mischehen zwischen den verschiedenen Volksgruppen eine Seltenheit. Sie beschränkten sich meistens auf Angehörige des gleichen Glaubens, etwa Albaner und Türken. Mit der Gründung der Wissenschaftsakademie in Priština gewannen die albanische Sprache und Kultur einen neuen Stellenwert. Für die Kosovo-Serben bedeute dies Schwierigkeiten auf dem Arbeitsmarkt, viele von ihnen sahen keine wirtschaftliche Zukunft mehr oder fühlten sich bedroht und verließen die Provinz. Der Anteil der Serben an der Stadtbevölkerung Prištinas betrug 1961 38%, 1981 lediglich 19%.[165]

In der Argumentation der von Serben bzw. von Albanern erhobenen Ansprüchen auf das Kosovo spielt die jeweilige Bevölkerungszahl eine wesentliche Rolle. Im Dezember 1998 bezifferte Präsident Milošević die Anzahl der im Kosovo lebenden Albaner mit 800.000 bis 900.000. Diese Zahl liegt, nach allgemeiner Auffassung, um etwa eine Million zu niedrig. Albanische Angaben zu Bevölkerungszahl lagen bei der allgemeineren Formulierung, 90% der Bewohner des Kosovo seien Albaner, dies stellt offenbar eine leichte Übertreibung dar und soll eine weitgehende ethnische Homogenität des Kosovo suggerieren.[166]

---

[164] Daten und Übersicht aus Mønnesland, Svein: Land ohne Wiederkehr. Ex-Jugoslawien: Die Wurzeln des Krieges, Klagenfurt, Celovec 1997. S. 488-492.
[165] Die Gründe für diese Auswanderungswelle sind umstritten, liegen aber offenbar sowohl im wirtschaftlichen wie auch im kulturellen Bereich. Zudem kam es nach den Unruhen von 1981 zu propagandistisch aufbereiteten Berichte über sporadische Gewalttaten gegen serbisch-orthodoxe Geistliche wie auch gegen Friedhöfe und Kulturdenkmäler. Magnusson, Kjell: Wie der Kosovo-Konflikt begann, in: Bittermann, Klaus / Deichmann, Thomas (Hg.): Wie Dr. Joseph Fischer lernte, die Bombe zu lieben. Die Grünen, die SPD, die Nato und der Krieg auf dem Balkan, Berlin 1999, S. 18f.
[166] Clewing, S. 17f.

4.2.2. Die Stellung des Kosovo im jugoslawischen Staatsgebilde

Auch nach der Gründung des kommunistischen, jugoslawischen Staates blieb das Kosovo ein Unruheherd - trotz der Bemühungen Titos um einen Ausgleich der Völker. Tito verbot die Rückkehr der serbischen Kolonisten ins Kosovo, um neuen Spannungen den Boden zu entziehen. Die Beziehungen Serbiens zu Albanien verschlechterten sich - u.a. wegen der ideologischen Differenzen der beiden Regime. Daraufhin verschärfte die serbische Geheimpolizei ihre Vorgehensweise im Kosovo, es kam zu Polizeiterror, manipulierten Gerichtsprozessen, Folterungen und Morden. Erst 1966 sorgte die Ablösung des jugoslawischen Innenministers Aleksandar Ranković und die Aufklärung der Vorgänge durch eine Sonderkommission der Regierung für eine Besserung der Lage. Anfang der 70er Jahre wurde das Kosovo mit einer umfangreichen Autonomie ausgestattet. Es verfügte nun über eine eigene Verfassung, ein Parlament und eine Regierung. Ebenso wie die Provinz Vojvodina, mehrheitlich von Ungarn bevölkert, erhielt das Kosovo auch innerhalb des jugoslawischen Bundes einen größeren Einfluß. Trotzdem kam es immer wieder zu Studentenprotesten in Priština, die von der Bundespolizei gewaltsam niedergeschlagen wurden, 1981 fand eine Revolte[167] statt, die zur Massenverhaftung Tausender Albaner führten. Das gewaltsame Vorgehen der Polizei wurde insbesondere von der albanisch-kommunistischen Führungsschicht im Kosovo befürwortet, um die starke Verfassungsposition des Kosovo innerhalb Jugoslawiens sichern zu können.[168]

1985 formierte sich eine starke Protestbewegung, in der sich die vermeintlich von Belgrad im Stich gelassenen Kosovo-Serben zusammenschlossen. Es war abzusehen, daß die Kosovo-Frage in ihrer historischen Bedeutung dazu beitragen konnte, die Stabilität des sozialistischen Systems, insbesondere aber das empfindliche Gleichgewicht des jugoslawischen Bundesstaates zu gefährden. 1989 wurde die Autonomie des Kosovo aufgehoben, 1990 das örtliche Parlament durch einen Erlaß aus Belgrad aufgelöst, und die Provinz faktisch serbischer Zentralverwaltung unterstellt. Dieses Vorgehen Belgrads, ein Verstoß gegen die jugoslawische Verfassung, brachte

---

[167] Diese wurde von der serbisch-orthodoxen Kirche propagandistisch genutzt, Vgl. Kapitel 3 und 4.2.1.
[168] Maliqi, S. 127f.

eine Verschlechterung der Lebensverhältnisse der Albaner mit sich. Serben besetzten willkürlich die Schlüsselpositionen des öffentlichen Lebens. Die Folge war zunächst der Rückzug der Albaner aus allen Belangen des jugoslawischen Staates, der Boykott von Wahlen und der Aufbau eines Schattenstaates mit eigener Verwaltung, der sich mit Hilfe der im Ausland lebenden Kosovo-Albaner finanzierte.[169]

4.3. Verhalten der Akteure während des Konfliktverlaufs

Wie oben gezeigt, standen sich im Kosovo zwei konkurrierende Nationalstaatsgedanken gegenüber, die sich von den nationalen Mythen der Völker, basierend auf der jeweiligen historischen Betrachtungsweise, ableiten. Verschärft wird die Situation durch den Hang sowohl der Serben als auch der Albaner, sich als Opfer der geschichtlichen Entwicklung zu sehen[170] - Man denke an die vergeblichen Opfer der Serben in der Amselfeldschlacht oder die fruchtlosen Versuche der Kosovoalbaner, zu nationaler Selbständigkeit zu gelangen.

Für die NATO fiel der Krieg in die Phase ihres 50jährigen Bestehens, das zudem eine sicherheitspolitische Neuorientierung bedeutete – vom 23. bis zum 25. April fand der NATO-Gipfel in Washington statt, auf dem die Organisation ihre Rolle als Friedensstifterin betonte – demnach wurde im Bezug auf das Kosovo nicht von einem Krieg, sondern von einer „humanitären Intervention", von „Luftschlägen" und „chirurgischen Eingriffen" gesprochen.[171] Rechtlich stellte der Angriff auf Jugoslawien eine eigenmächtige und klare Verletzung des bestehenden Völkerrechtes dar. Daß die NATO-Staaten dies in Kauf nahmen, zeigt, welche Bedeutung man dem Krieg auf dem Balkan zumaß – zumal die Konsequenzen dieses Rechtsbruchs nicht absehbar sind.[172]

---

[169] Reuter, S.8.
[170] Clewing, S. 22. Clewing weist in seinem Artikel schwerwiegende Fälle bewußter Geschichtsklitterung nach.
[171] Erhardt, Hans-Georg / Karádi, Matthias Z.: Krieg auf dem Balkan. Lage, Interessen, Optionen, Lehren und Perspektiven, in: Lutz, Dieter S. (Hg.): Der Krieg im Kosovo und das Versagen der Politik (Demokratie, Sicherheit, Frieden Band 128), Baden-Baden 2000, S. 180.
[172] Denkbar - aber eher unwahrscheinlich - wäre, daß daraus ein Gewohnheitsrecht abgeleitet wird, Menschenrechte generell über das Völkerrecht zu stellen. Dann müßten allerdings überprüfbare Standardkriterien geschaffen

Die Staaten, die je nach geographischer Lage in unterschiedlichem Ausmaß vom Kriegsgeschehen im Kosovo betroffen waren, stellten zumeist die humanitäre Rhetorik in den Mittelpunkt ihrer Argumentation – unabhängig davon, ob sie die NATO-Angriffe unterstützten oder mit Jugoslawien sympathisierten. Wie im folgenden jedoch gezeigt wird, waren humanitäre Gründe nicht das Hauptmotiv für die Politikgestaltung:

"Ethnic reasons, political reasons, and ideology, economic interests and 'peer pressure' were clearly among the main forces for states' responses to the unfolding crisis in Kosovo and NATO's actions."[173]

4.3.1. Akteure innerhalb Jugoslawiens

Die Auseinandersetzung zwischen albanischer Bevölkerungsmehrheit und der serbisch kontrollierten Verwaltung gewann mit dem Eingreifen von Sondertruppen und Bundesarmee eine neue Dimension. Erneut wurden die bereits aus den vorangegangenen Kriegen bekannten Mittel der ethnischen Säuberung angewandt - ein Beweis, daß hier nicht mehr lediglich die machtpolitische Kontrolle, sondern der existentielle Fortbestand der Volksgruppen in der Provinz auf dem Spiel stand. Nach der Logik des Milošević-Regimes diente die ethnische Säuberung im Kosovo einer doppelten Zielsetzung, nämlich zum einen der serbischen Inbesitznahme der Provinz, zum

---

werden, *welche* Fälle ein internationales Eingreifen erforderlich machen. Die andere Auswirkung könnte sein, daß von nun an Staaten versucht sein werden, sich – unter Berufung auf die humanitäre Argumentation – als regionale Ordnungsmächte zu etablieren. Erhardt / Karádi, S. 182f. Über den unmittelbaren Völkerrechtsbruch hinaus verletzte die NATO auch das Wiener Rüstungskontrollabkommen von 1994, nach dem Militäraktionen von mehr als 9000 Soldaten allen 54 Unterzeichnerstaaten mindestens 42 Tage vorher bekannt gemacht werden müssen. Die russischen Forderungen, die NATO-Stützpunkte in Makedonien gemäß dieses Abkommens zu inspizieren, wurden mit der Begründung abgelehnt, dies gefährde die Sicherheit der NATO-Truppen. Welfens, Paul J. J.: Der Kosovo-Krieg und die Zukunft Europas: Diplomatieversagen, Kriegseskalation, Wiederaufbau, Euroland, München 1999, S. 156

[173] Schnabel, Albrecht: Political Cooperation in Retrospect: Contact Group, EU, OSCE, NATO, G-8 and UN Working toward a Kosovo Settlement, in: Krause, Joachim / Spillmann, Kurt R.: Kosovo: Lessons Learned for International Cooperative Security (Studies in Contemporary history and security policy, Vol. 5), Bern, Berlin, Bruxelles u.a. 2000, S. 24.

andern der Destabilisierung der Nachbarstaaten Albanien und Makedonien durch die Flüchtlingsströme - was die NATO zwang, einen Teil ihrer Logistik der Flüchtlingshilfe bereitzustellen.[174]

Im Verlaufe des serbisch-albanischen Konfliktes, der während der NATO-Intervention deutlich an Schärfe zunahm, kam es - neben den Vertreibungen und Morden - zur gezielten Vernichtung von albanischen Siedlungen im Kosovo. Darüber hinaus war offenbar eine Auslöschung jeglicher Erinnerung an die albanische Präsenz in der Region geplant – insbesondere Moscheen und Denkmäler wurden zerstört,[175] mit dem Krieg sollte Geschichte gemacht werden, wobei der Sieger die Geschichtsbücher schreiben würde.[176]

„For, in Kosovo, history is not really about the past, but about the future. In other words, he who holds the past holds the future."[177]

Die bewußte Vernichtung jahrhundertealter Baudenkmäler zielte eindeutig auf das kulturelle Bewußtsein der Gegenseite. Insbesondere nach Beginn der Luftangriffe sowie unmittelbar vor dem Einrücken der KFOR-Truppen stieg die Anzahl der gesprengten und niedergebrannten Bauten oder historischen Stadtviertel stark an.[178] Nach Kriegsende kam es zu einer Welle von Anschlägen auf serbisch-

---

[174] Schmierer, Joscha: Der Kosovo-Krieg 1999, in: Melcic, Dunja: Der Jugoslawien-Krieg, Opladen / Wiesbaden 1999, S. 536f.
[175] Für den Kosovokrieg fehlt noch eine umfassende und genaue Übersicht über zerstörte Denkmäler. Die orthodoxe Kirche bietet eine erste (freilich von Anklage gegen Albaner und NATO geprägte) Übersicht über die zerstörten kirchlichen Gebäude unter <http://www.kosovo.com/crucified/> Eine Statistik liegt für den Bosnienkrieg vor: Demnach wurden über 1000 Moscheen und ca. 200 Kirchen zerstört (Institut für Denkmalspflege, Sarajevo, zit. nach Melcic, Dunja / Vetter, Matthias: Synopse zu Opfern, Schäden und Flüchtlingen, in: Melcic, Dunja: Der Jugoslawien-Krieg, Opladen / Wiesbaden 1999, S. 526. Der Vergleich mit Bosnien bietet sich an, da die jugoslawische Bundesarmee sowie die paramilitärischen Freiwilligenverbände, die für einen Großteil der Zerstörungen verantwortlich sind, in beiden Konflikten präsent waren. Bei diesen geplanten Vernichtungen kann sicherlich auf eine - jegliche Kultur der Gegenseite verachtende - Motivation geschlossen werden. Allerdings ist zu beachten, daß die serbischen Truppen im Verlauf des Krieges heftigen Luftschlägen ausgesetzt waren, gegen die faktisch keine Abwehrmöglichkeit bestand. Für einige der Soldaten schien dies Grund gewesen zu sein, anstatt der NATO und der UÇK die albanischen Zivilisten und deren Lebensgrundlagen zum Angriffsziel zu machen.
[176] Ramet: Balkanbabel, a.a.O., S. 288
[177] Judah, Tim: Kosovo - War and Revenge, New Haven, London 2000, S. 2.
[178] Hetzer, S. 110.

orthodoxe Bauten.[179]

Serbien

Die Betrachtung der serbisch dominierten jugoslawischen Politik im Kosovo-Konflikt muß vom– aus den vorangegangen Konflikten und Kriegen – bekannten Verhalten des jugoslawischen Präsidenten Miloševićs ausgehen. Dieses resultierte aus einer Kombination von innenpolitischem Machterhalt, nationalserbischen und ideologischen Motiven, wirtschaftlichen und militärstrategischen Erwägungen. In der Tat hat sich Milošević, dessen Aufstieg aufs engste mit der Kosovo-Problematik verknüpft ist, als Realpolitiker erwiesen, der auch bereit ist, ideologische Ziele zugunsten seiner Macht zu opfern. Dies hat er beispielsweise 1995 getan, als er nach NATO-Angriffen auf die bosnischen Serben einlenkte.[180]

Die jugoslawische Führung bemühte sich, die serbische Vorherrschaft im Reststaat auszubauen. Innenpolitisch sollte dies durch die Vertreibung der Albaner geschehen, dem außenpolitischen Druck auf das Regime sollte 1997 durch eine Allianz mit Rußland und Weißrußland begegnet werden – diese erwies sich jedoch als illusorisch. Die angestrebte gemeinsame Außen- und Sicherheitspolitik kam nie zustande, weil sie für Rußland eine dauerhafte Bindung an das unberechenbare Milošević-Regime bedeutet hätte, die zudem kostspielig und politisch riskant gewesen wäre.[181]

Im Vorfeld des Bombardements sandte Präsident Milošević einen Stab von Abgeordneten nach Bagdad. Dieser traf sich mit Saddam Hussein und dessen Militärberatern, um die irakischen Erkenntnisse bezüglich der zu erwartenden US-Angriffe für Jugoslawien nutzbar zu machen. Offenbar infolge der irakischen Beratung blieben die Radarstellungen der jugoslawischen Luftverteidigung während der Angriffe die überwiegende Zeit ausgeschaltet.[182]

---

[179] Eine Aufstellung findet sich unter <http://www.decani.yunet.com> vgl. auch Hetzer, S. 109.
[180] Vgl. Erhardt / Karádi, S. 190. Die Autoren sind der Ansicht, Milošević gehe es vor allem um seine innenpolitische Postition, großserbische Motive seien erst an zweiter Stelle zu nennen.
[181] Ebd., S. 191 und Oschlies, Wolf: Russische Balkanpolitik, a.a.O., S. 238.
[182] Vgl. Abgeordneter Stephen Buyer auf House Radia/TV Gallery vom 9.4.1999 gemäß Federal News Service, auf Lexis-Nexis Congressional Universe, zit. nach

Im Verlaufe des Krieges wurde deutlich, daß die jugoslawische Führung nach einem Weg suchte, diplomatisch eine Einstellung der Luftangriffe zu bewirken. Ein wesentlicher Grund für Milošević, schließlich den NATO-Forderungen nachzukommen und die Truppen aus dem Kosovo abzuziehen, war offenbar der russische Druck und die Einsicht, daß sich die NATO-Staaten nicht spalten ließen.[183]

Angesichts der Bombenangriffe, die auch viele zivile Opfer hinterließen, war die serbische Bevölkerung sich in ihrer Ablehnung der NATO weitestgehend einig. Verständlicherweise hatten die Menschen andere Sorgen, als sich nach der hinter den Angriffen stehenden Motivation zu fragen oder diese gar rechtfertigen zu wollen. Die mildeste Form der serbischen Kritik an den Angriffen war die, daß die Bombardierungen nur dazu beitrügen, Milošević zu stärken.[184]

Das Einlenken Miloševićs kam erst, nachdem die G-8-Staaten einen eigenen Friedensplan vorlegten, nach zweieinhalb Monaten schwerer Luftangriffe, die sich mehr und mehr gegen die zivile Infrastruktur des Landes richteten. Über die Gründe für den plötzlichen Gesinnungswandel ist viel spekuliert worden, klar scheint zumindest zu sein, daß Rußland eine erhebliche Rolle spielte.[185]

Inwieweit die NATO den Krieg militärisch gewonnen hatte, bleibt fraglich.[186] Der Großteil der schweren serbischen Waffen blieb offenbar intakt,[187] die Verluste an Soldaten stiegen gegen Kriegsende

---

Ramet, Sabrina Petra: Die politische Strategie der Vereinigten Staaten in der Kosovo-Krise: Parteipolitik und nationales Interesse, in: Bayerische Landeszentrale für politische Bildungsarbeit (Hg.): Der Kosovo-Konflikt - Ursachen - Akteure - Verlauf, München 2000, S. 376. Zur irakischen Haltung im Kosovokrieg siehe auch Kap. 4.3.3.

[183] Rieks / Weigold, S.15f.

[184] Vgl. "Wir appellieren an alle!" Ein Aufruf serbischer Bürger, in: FAZ vom 22.4.1999, zit. nach Oschlies, Wolf: Russische Balkanpolitik, a.a.O., S. 234.

[185] Siehe Kap. 4.3.3.

[186] Die Urteile hierüber reichen, je nach Sichtweise des Autors und Schwerpunkt der Untersuchung, deutlich voneinander ab. Zur Verdeutlichung seien hier nur genannt: der Aufsatz des ehemaligen NATO und jetzigen WEU-Generalsekretärs Javier Solana: *NATO's Success in Kosovo*, in: Foreign Affairs Vol 78 No 6 (1999), S. 114-120 und Mandelbaum, Michael: *A Perfect Failure – NATO's War against Yugoslavia*, in: Foreign Affairs Vol. 78 No 6 (1999), S. 2-8.

[187] Blome, Nikolaus / Middel, Andreas: "Warum haben wir den Krieg gewonnen?", <http://www. welt.de/daten/2000/03/22/0322au158155.htx>. Darin ist von lediglich 26 zerstörten Panzern die Rede, welche die KFOR-Truppen nach

allerdings sprunghaft an.[188]

Montenegro

Die Teilrepublik Montenegro, für Jugoslawien der nunmehr einzige Zugang zum Mittelmeer und spielte zur Zeit des Krieges aufgrund ihrer Bevölkerungszusammensetzung und ihrer verfassungsrechtlichen Stellung eine Sonderrolle. Sie ist, durch vielfältige, auch verwandtschaftliche Verhältnisse mit Serbien verbunden und verfügt neben einer starken bosnischen über eine serbische (ca. 9%) und eine albanische (ca. 7%) Minderheit. Von dem albanischen Bevölkerungsteil von 40.000 sind etwa 25.000 moslemischen, die übrigen katholischen Glaubens. Eheschließungen zwischen katholischen Albanern und Montenegrinern sind keine Seltenheit, während die moslemischen Albaner nicht zu Mischehen neigen.[189]

Präsident Milo Đukanović, ein Gegner seines ehemaligen „Ziehvaters" Milošević, hatte kein Interesse, Montenegro von der ungleich stärkeren Nachbarrepublik in den Krieg ziehen zu lassen. Trotzdem wurde Montenegro zum Aufmarschgebiet der jugoslawischen Bundestruppen und damit auch zum Ziel von Bombardements. Faktisch versuchte sich die Teilrepublik dem Einfluß Belgrads zu entziehen, etwa durch das Ignorieren der Kriegsgesetze.[190] Damit ist auch der restjugoslawische Staat nur noch vertraglich existent, zumal Montenegro bereits Anfang 1999 weitreichende Forderungen an Serbien gestellt hatte, als eine gleichberechtigte Teilrepublik im Staatsverband zu bleiben oder aber die Unabhängigkeit zu erklären.[191]

---

ihrem Einmarsch ins Kosovo vorfanden.
[188] Kalnoky, Boris: Die Serben mußten einlenken, <http://www.welt.de/daten/1999/06/05/0605eu 116836.htx> Darin werden NATO-Schätzungen zitiert, die davon ausgehen, 2/3 der serbischen Verluste seien innerhalb von nur drei Tagen entstanden.
[189] Die Zahlen stammen aus der Volkszählung 1991. Statistički godišnjak Jugoslavije (Statistisches Jahrbuch Jugoslawiens) 1998, Belgrad 1998, S. 68 zit. nach Oschlies, Wolf: Montenegro - auf zum letzten Gefecht?, in: Bayerische Landeszentrale für politische Bildungsarbeit (Hg.): Der Kosovo-Konflikt - Ursachen - Akteure - Verlauf, München 2000, S. 247ff.
[190] Oschlies, Wolf: Montenegro - auf zum letzten Gefecht?, a.a.O, S. 247-253.
[191] Dies ist angesichts der Tatsache, daß der serbische Bevölkerungsanteil in

Montenegro unterstützte das Abkommen von Rambouillet, verzichtete aber nach Beginn der Bombardierungen auf eine offizielle Neutralitäts- bzw. Unabhängigkeitserklärung – Đukanović hatte diese zwar angedroht, aber angesichts des starken Belgrader Einflusses nicht umgesetzt. Mit dem in Montenegro stationierten Zweiten Armeekorps verfügte die jugoslawische Bundesregierung etwa über die doppelte Anzahl bewaffneter Kräfte (ca. 30.000 Mann) wie die Republik, die im Falle eines Bürgerkrieges lediglich auf ihre Polizeitruppen hätte zurückgreifen können. Angesichts der NATO-Angriffe auch auf Ziele in Montenegro solidarisierte sich etwa die Hälfte der Bevölkerung mit Milošević, schwand die Unterstützung für Đukanović. Befürchtungen vor einem Umsturzversuch haben sich jedoch nicht bewahrheitet. Die Minderheitenpolitik Montenegros, die den Albanern seit 1997 Entfaltungsrechte und Förderungsmöglichkeiten gewährte, trug dazu bei, die Spannungen zwischen den Nationalitäten abzubauen. So gelang es, die Flüchtlingsströme aus dem Kosovo nicht zu einer Bedrohung für die Stabilität werden zu lassen und sich gleichzeitig den westlichen Staaten als ein die Minderheitenrechte achtender Partner präsentieren zu können. Đukanović, der für viele Jugoslawen als personelle Alternative zu Milošević gesehen wurde, führte sein Land auf einen prowestlichen Kurs und erfuhr durch die USA eine besondere Aufwertung: Bill Clinton lud den montenegrinischen Präsidenten Ende Juni 1999 zu einem Treffen in Ljubljana ein.[192]

UÇK

Vorläufer der Kosovo-Befreiungsarmee UÇK sind nationalistische, aber auch national-kommunistische Untergrundorganisationen, die sich bereits Ende der 70er Jahre formierten. Die Hoffnungen der meisten Albaner waren zunächst auf eine Verhandlungslösung gerichtet - im Dayton-Abkommen von 1995 jedoch wurde die Kosovo-Problematik nicht erwähnt. Dies kam einer Nichtanerkennung der friedlichen Bemühungen um Unabhängigkeit gleich. Zu diesem Zeitpunkt setzte auf albanischer Seite ein Umdenken zugunsten einer

---

Jugoslawien rund 17 mal so hoch ist wie der montenegrinische, eine Forderung, die den Wunsch nach Auflösung der Union ausdrückt – ein Schritt vor dem Đukanović jedoch bisher zurückschreckte. Oschlies, Wolf: Montenegro - auf zum letzten Gefecht?, a.a.O, S. 251.
[192] Oschlies, Wolf: Montenegro - auf zum letzten Gefecht?, a.a.O, S. 254.

gewaltsamen Konfrontation ein.[193] Die Schaffung der Serbenrepublik in Bosnien, eine faktische Belohnung des Aggressors Milošević, enttäuschte die Albaner, schienen die Staaten Europas und die USA sich doch mit den - durch Gewalt geschaffenen Fakten abzufinden und mit dem Belgrader Regime zu arrangieren.[194] Das erstmalige Auftreten einer selbsternannten Kosovo-Befreiungsarmee (UÇK) fand offenbar im Juni 1996 - nach einer erneuten Steigerung der serbischen Repressionen - statt, als die Organisation sich zu einer Reihe von Anschlägen auf serbische Polizisten bekannte.[195] Damals war unklar, ob es sich lediglich um eine Erfindung des serbischen Geheimdienstes handelte, die den Vorwand liefern sollte, die serbische Truppenpräsenz in der Provinz Kosovo zu verstärken.[196]

Die UÇK war niemals eine homogene Armee unter zentralem Kommando, sondern litt von Anfang unter inneren Spannungen und Rivalitäten. Während des Krieges wurde der gemäßigte Albanerführer Rugova in Belgrad festgehalten, UÇK-Führer Hashim Thaçi erklärte die bisherige kosovarische Exilregierung unter Bujar Bukoshi als abgesetzt, während dieser sich weiterhin als rechtmäßige Vertretung der Albaner sah. Im Streit um die Führung spielte vor allem die Kontrolle über die von Exilkosovaren bereitgestellten Hilfsgelder eine zentrale Rolle.[197]

Während des Krieges existierten etwa 30 örtliche UÇK-Kommandanten, nach Ansicht einiger Autoren eine „Mischung von

---

[193] Reuter, Jens: Wer ist die UÇK?, in: Blätter für deutsche und internationale Politik Bd. 3/1999, S. 281-284. Vgl. auch Erhardt / Karádi, S. 193 und Witte, Eric A.: Der Wiederaufbau des Kosovo: die ethnische Dimension, in: Krause, Joachim (Hg.): Kosovo –Humanitäre Intervention und kooperative Sicherheit in Europa, Opladen 2000, S. 172f.
[194] Ash, Timothy Garton: Weine, zerstückeltes Land! „Gute Zäune für gute Nachbarschaft" – Balkaniens Remedur, in: Lettre International 44/1999, S. 10-15, zit. nach Erhardt, Hans-Georg / Karádi, Matthias Z.: Krieg auf dem Balkan. Lage, Interessen, Optionen, Lehren und Perspektiven, in: Lutz, Dieter S. (Hg.): Der Krieg im Kosovo und das Versagen der Politik (Demokratie, Sicherheit, Frieden Band 128), Baden-Baden 2000, S. 193.
[195] Rüb, Matthias: „Phönix aus der Asche" - Die UÇK: Von der Terrororganisation zur Bodentruppe der NATO?, in: Schmid, Thomas: Krieg im Kosovo, Hamburg 1999, S. 55.
[196] Eine andere Theorie lautet, der albanische Geheimdienst habe die Gründung der UÇK unterstützt. Erhardt / Karádi, S. 194.
[197] Ebd., S. 194.

Altstalinisten, Altfaschisten, Neudemokraten und Mafiosi."[198]

Bereits im Frühjahr 1993 hatte es jedoch von albanischer Seite Versuche gegeben, eine eigene Polizei- und Armeestruktur zu errichten. Damals war jedoch die serbische Miliz in der Lage, dies zu verhindern. Im Jahr 1997, nach den Unruhen in Albanien, in deren Verlauf zahlreiche Kasernen geplündert wurden, begann ein umfangreicher Schmuggel von Waffen in die Krisenprovinz. Die albanische Bevölkerung begrüßte die Aktionen der UÇK, um die Armee und ihre Märtyrer bildete sich ein Mythos. Politisch bedeutete dies einen Bedeutungsverlust der gemäßigten Albaner um Ibrahim Rugova.[199]

Hatte der amerikanische Sonderbotschafter Gelbard noch zu Beginn 1998 die UÇK als „terroristische Vereinigung" bezeichnet, so erfuhr sie nun eine deutliche internationale Aufwertung - US-Unterhändler Holbrooke traf sich mit dem UÇK-Kommandanten Lum Haxhiu. Bedeutende finanzielle Unterstützung erhielt die UÇK von den im Ausland lebenden Albanern - so wurde ein Fond („Die Heimat ruft") eingerichtet, in den Spendengelder flossen. Mitte 1998 begann die Sommeroffensive der serbischen Sondertruppen, die schlecht ausgerüsteten und unzureichend ausgebildeten UÇK-Kämpfer mußten erstmals größere personelle und territoriale Verluste hinnehmen. Es kam zum Rückzug der UÇK, die insbesondere gegen serbische Panzerverbände chancenlos blieb. Das Vorrücken der serbischen Truppen führte zu einer Massenflucht der albanischen Bevölkerung.[200]

Am 12. Oktober 1998 drohte die NATO intensiv mit Luftangriffen: Der US-Sondergesandte Holbrooke vereinbarte mit Milošević einen Teilrückzug der serbischen Polizei und der jugoslawischen Armee aus dem Kosovo. Militärisch herrschte ein Patt zwischen UÇK und Volksarmee - keine Partei war in der Lage, die von ihr eroberten Gebiete zu halten. Mitte Dezember zeichnete sich ab, daß der zwischenzeitlich ausgehandelte Waffenstillstand nicht hielt. Am 15. Januar verschärfte sich die Lage, als die OSZE-Mission meinte, über

---

[198] Karádi, Matthias: Terroristen oder Freiheitskämpfer ? Die Metamorphosen der UÇK, in: Lutz, Dieter S. (Hg.): Der Krieg im Kosovo und das Versagen der Politik (Demokratie, Sicherheit, Frieden Band 128), Baden-Baden 2000, S.382. Daß in dieser Aufzählung keine Volksmuddschahedin erwähnt wurden, ist angesichts des geringen religiösen Einflusses in der UÇK verständlich.
[199] Rüb, Matthias: „Phönix aus der Asche", a.a.O, S. 43-56.
[200] Ebd., S. 58f.

Hinweise auf ein Massaker in Raçak zu verfügen.[201] Am 18. März 1999 wurden die Verhandlungen abgebrochen, 2 Tage später zogen sich die OSZE-Beobachter aus dem Kosovo zurück.

Die NATO wehrte sich zwar gegen eine offizielle Allianz mit der UÇK, doch arbeitete sie mit den lokalen UÇK-Kommandeuren zusammen (so etwa um Truppenbewegungen der jugoslawischen Armee besser verfolgen und Ziele für Bombenangriffe aktualisieren zu können).[202]

Nach Einrücken der KFOR in das Kosovo kam es zu einer Reihe von schweren Gewalttaten gegen die im Kosovo verbliebenen Serben und zu Feindseligkeiten gegen russische Soldaten – Viele Albaner betrachten diese offenbar als eindeutig proserbisch und den Hoffnungen auf nationale Unabhängigkeit im Wege stehend.[203] Die aus der UÇK hervorgegangene „Kosovo-Schutztruppe" verfolgt inzwischen eine eigene, den Ordnungsvorstellungen der KFOR zuwiderlaufende Politik. Darüber hinaus gaben Ende 2000 die Angriffe der „Befreiungsarmee Preševo, Medvedja und Bujanovac"(UÇPBM) auf serbische Grenzpolizisten Anlaß zur Sorge, wenn sie auch zu einer Verbesserung der Zusammenarbeit zwischen jugoslawischen Behörden und KFOR führten.[204]

Die Auseinandersetzungen zwischen Serben und Albanern im Kosovo waren seit Frühjahr 1998 nicht mehr nur auf den Konflikt zwischen UÇK und jugoslawischer Bundesarmee bzw. Polizeitruppen beschränkt – auch Kosovo-Serben griffen auf eigene Faust zu den Waffen und bildeten Milizen. Ebenso waren die paramilitärischen Verbände des mittlerweile ermordeten Kriegsverbrechers Zelko Raznatovic („Arkan") im Kosovo.[205] Die ungarische Minderheit in der

---

[201] Siehe dazu Kap. 4.1.2.
[202] Vgl. Rüb, Matthias: "Phönix aus der Asche", a.a.O., S. 50ff und Süddeutsche Zeitung vom 12.4.1999, zit. nach Eichner, Klaus / Schmidt-Eenboom, Erich: Die Rolle der Geheimdienste bei der Vorbereitung und Durchführung des Krieges, in: Richter, Wolfgang / Schmähling, Elmar / Spoo, Eckart (Hg.): Die Wahrheit über den NATO-Krieg gegen Jugoslawien, Schkeuditz 2000, S. 169.
[203] Stepanova, S. 164f.
[204] „Soldaten der KFOR nehmen albanischen Terroristen fest", in: Frankfurter Allgemeine Zeitung vom 3.1.2001, S. 2.
[205] Witte, S. 176. Aufgrund dieses Ausmaßes des Krieges und der verübten Gewalttaten sieht selbst Witte als Befürworter eines multiethnischen Kosovos kaum noch Hoffnung auf ein friedliches Zusammenleben der beiden Völker, zumindest in der heutigen Generation.

Vojvodina begrüßte die NATO-Angriffe, insbesondere die Zerstörung der Straßen, Gleise, Brücken und Kommunikationslinien zwischen dem serbischen Kernland und der Vojvodina. Die Infrastruktur hätte nämlich dem serbischen Militär genützt, falls Milošević sich entschieden hätte, auch dort die Spannungen zu schüren.[206]

4.3.2. Die Region: kulturelle Fronten?

Albanien

Bei der Betrachtung der albanischen Außenpolitik während des Kosovo-Konfliktes sind insbesondere die Nachwirkungen der auf Clanherrschaft beruhenden Hoxha-Diktatur, die soziale Lage des Landes und die daraus resultierenden bürgerkriegsähnlichen Auseinandersetzungen von 1997 zu berücksichtigen. Das als „Armenhaus Europas" bekannte Land war zur Zeit des Krieges nahezu vollkommen handlungsunfähig, da sich die Armee während der Unruhen von 1997 praktisch aufgelöst hatte. Staatliche Institutionen sowie die marode Wirtschaft werden zur Zeit mit erheblicher westlicher Hilfe reorganisiert, der Norden des Landes wird von der oppositionellen „Demokratischen Partei" unter dem Familienclan der Berishas kontrolliert. UÇK-Truppen operierten von Nordalbanien aus, was das Land in Gefahr brachte, in den Krieg verwickelt zu werden.[207] Der Waffenschmuggel von Nordalbanien in das Kosovo war Anlaß für mehrere Protestnoten Belgrads an Tirana. Der albanische Ministerpräsident Fatos Nano äußerte darauf hin, das Land sei außerstande, seine Grenzen zuverlässig kontrollieren zu können und bat um NATO-Unterstützung. Inoffiziell duldete Albanien den Waffenschmuggel, war aber nicht bereit, die UÇK mit Waffen und Gerät zu unterstützen – darunter hätten die Beziehungen

---

[206] Oschlies, Wolf: Russische Balkanpolitik – Mythos in realpolitischer Bewährung?, a.a.O., S. 234f.
[207] Erhardt / Karádi, S. 196f. Im Falle eines Krieges mit Jugoslawien hätte Albanien angesichts der Handlungsunfähigkeit der Armee den Bundestruppen sicher wenig entgegenzusetzen gehabt und wäre damit vollkommen vom NATO-Schutz abhängig gewesen. Von daher konnte wenig Interesse bestehen, diesen Fall eintreten zu lassen. Trotzdem kann an dieser Stelle nicht beurteilt werden, inwieweit die UÇK-Operationen geduldet, unterstützt oder mit Albanien bzw. einzelnen Fraktionen im albanischen Machtkampf abgestimmt waren. Dies vor allem, weil Nordalbanien im Flüchtlingschaos versank und sich Mafia-Strukturen etablierten, die erheblich vom Waffenschmuggel in das Kosovo profitierten.

zur NATO leiden können. Während des gesamten Krieges verfügte die UÇK somit lediglich über leichte Waffen, nicht aber über gepanzerte Fahrzeuge, Artillerie und Luftabwehrgeschütze.[208]

Die von der NATO bereitgestellten Truppen für Albanien wurden von der Bevölkerung willkommen geheißen, da sie zum einen versuchen, die innere und äußere Sicherheit des Landes wiederherzustellen, zum anderen als Garant für eine Annäherung an den Westen gesehen werden. Dies kann für Albanien langfristig einen großen Vorteil bedeuten. Ein Abzug der derzeit tätigen AFOR2-Mission der NATO würde zu einer erneuten Destabilisierung beitragen, zumal die Lage im Norden Albaniens noch immer durch eine Anarchie gekennzeichnet ist, in der die bewaffneten ehemaligen UÇK-Angehörigen die stärkste Partei bilden.[209]

Die Identifizierung und Solidarisierung der albanischen Bevölkerung mit ihren kosovarischen Verwandten ging auch im Jahr 1996 nicht sehr weit. Lediglich 19% der Albaner meinten, daß die Kosovaren der gleichen Nationalität angehörten wie sie selbst. 33% sahen eine Verwandtschaft, 26% eine „kulturelle Ähnlichkeit", während 19% meinten, es existierten große Unterschiede.[210] In sozialistischer Zeit kam es zu einer Verschärfung der Gegensätze zwischen beiden Teilen des albanischen Volkes. Dazu trug insbesondere die paradoxe Ungleichbehandlung unter den verschiedenen Regierungssystemen bei – während die jugoslawische Regierung den Albanern im Kosovo nach und nach mehr kulturelle und persönliche Rechte garantierte, war die Hoxha-Diktatur in Albanien bemüht, jegliche Traditionen, vor allem religiöser Art zu zerstören und die Rechte der Bürger weitestgehend einzuschränken. Anfang der 90er Jahre nutzten Kosovo-Albaner die mafiösen Strukturen in Nordalbanien, um illegale Geschäfte abzuwickeln und persönlich von der chaotischen Situation zu profitieren. Dies verstärkte die bereits bestehenden Vorurteile.[211]

---

[208] Eicher, Claudia: Albanien und die Krise in Kosova: Blessing in Disguise, in: Lutz, Dieter S. (Hg.): Der Krieg im Kosovo und das Versagen der Politik (Demokratie, Sicherheit, Frieden Band 128), Baden-Baden 2000, S. 413f.
[209] Eicher, S. 405f.
[210] USIA, Office of Research and Media Reaction: Albanian Public Prepared to Defend Kosova, Opinion Analysis M-69-96, 1. April 1996, S.1., zit. nach Eicher, S. 394.
[211] Eicher, S. 393.

Sprachlich existieren, aufgrund der seit 1918 nahezu ununterbrochen andauernden Trennung des Kosovos von Albanien, Unterschiede der albanischen Mundarten – so ist das Kosovo-albanisch neben der regionalen Färbung auch durch die Übernahme von serbischen Begriffen (etwa bei Alltagsbegriffen und Fachtermini) gekennzeichnet.[212] Albanische Kinder im Kosovo hatten bis 1990 eine im Durchschnitt kürzere Schulbildung als ihre Altersgenossen in Albanien[213]

Albanien nahm mit über 440.000 Flüchtlingen den weitaus größten Teil der Kosovo-Flüchtlinge auf[214], etwa ¾ davon kamen bei Familien unter. Dies geschah größtenteils aus wirklicher Solidarität mit den verfolgten Kosovaren, andererseits existierten Fälle, in denen die Gastgeberfamilien für ihre Hilfe Geld von den Flüchtlingen bzw. deren im Ausland lebenden Verwandten forderten.[215]

Im Norden Albaniens kam es zudem zu Auseinandersetzungen zwischen der UÇK und den dort ansässigen Clans. Die neue bewaffnete Macht UÇK schien in der Lage zu sein, deren Dominanz in Frage zu stellen. Später arbeiteten die Clans dennoch mit der UÇK zusammen oder duldeten sie zumindest. In den Reihen der UÇK kämpften zudem albanische Söldner, zumeist ehemalige Angehörige der Streitkräfte.[216]

Während der Zeit des Hoxha-Regimes hatte das Thema Kosovo für Albanien praktisch keine Bedeutung, Vorrang hatte die innenpolitische Machtkonsolidierung. Das gleiche Muster zeigte sich auch während der Präsidentschaft Sali Berishas. Der sich verschärfende Konflikt im Nachbarland war erst dann ein Grund, eindeutig Stellung zu beziehen, als er zu einem innenpolitischen Faktor wurde und sich ein Ignorieren der Thematik nachteilig hätte auswirken können. Berisha schlug nach seinem Sturz 1997 weitaus

---

[212] Hetzer, S. 108.
[213] Diese betrug überwiegend nur 4 Jahre, Mädchen wurden oft, trotz der in Jugoslawien herrschenden Schulplicht nicht zum Unterricht geschickt. Ab 1990 ließen Schulbesuche in Albanien nach, so daß heute, betreffs der Schulbildung, in etwa ein Gleichstand herrscht. Hetzer, S. 108 Anm. 14.
[214] Pressemitteilung des UNHCR-Büros in Tirana vom 11. Juni 1999 und UNHCR News Kosovo Crisis Update vom 25. August 1999, in: http:unhcr.ch/news/media/kosovo.html, zit. nach Eicher, S. 409.
[215] Eicher, S. 409 Anm. 103.
[216] Hedges, Chris: Kosovo's Next Masters, in: Foreign Affairs Vol. 78 No 3 (1999), S. 24-42 und Eicher, S. 415f.

nationalistischere Töne an, als zu seiner Zeit als albanischer Präsident
– damals waren ihm gute Beziehungen zum Westen oberstes
außenpolitisches Ziel. Die vergeblichen Versuche Ibrahim Rugovas,
eine politische Unterstützung der albanischen Regierung zu erwirken,
zeugen hier von einer großen inneren Zerstrittenheit der
verschiedenen politischen Kräfte.[217] Die albanische Regierung
unterstützte den radikaleren UÇK-Führer Thaçi. Ex-Präsident Berisha
dagegen unterstellte Thaçi eine marxistische Ideologie und unterstütze
Ibrahim Rugova.

"Der Kampf um die zukünftige Macht in Priština reicht bis Tirana."[218]

Die Frage eines großalbanischen Staates mit dem Kernland Kosovo
genießt für den größten Teil der albanischen Parteien keine Priorität,
da, zumindest inoffiziell, neben der bestehenden ökonomischen und
teils kulturellen Differenz auch eine mögliche kosovo-albanische
Dominanz befürchtet wird. Offenbar haben auch zahlreiche Kosovo-
Flüchtlinge, die während des Krieges Zuflucht in Albanien fanden,
feststellen müssen, daß ihre Lebenssituation im Kosovo weitaus
besser war als die ihrer albanischen Freunde und Verwandten.[219]

Lediglich der im südafrikanischen Exil lebende Thronprätendent Leka
Zogu tritt für ein Großalbanien ein – er wird jedoch für die zukünftige
politische Entwicklung bedeutungslos bleiben, da ein Referendum aus
dem Jahr 1997 die konstitutionelle Monarchie mit großer Mehrheit
abgelehnt wurde.[220]

Für die Albaner als stark traditionell geprägtes Volk steht die Familie
an erster Stelle der Identitätsbildung, auch regionaler Herkunft wird
eine große Bedeutung eingeräumt, der albanische Staat dagegen
genießt kaum Ansehen. Von daher ist die Resonanz auf
großalbanische Töne äußerst gering, zumal die Verwandtschaftsbe-
ziehungen zwischen Albanien und dem Kosovo nicht besonders stark
ausgeprägt sind.[221]

---

[217] Eicher, S. 395-397.
[218] Schubert, Peter: Der Kosovo-Konflikt und Albanien, in: Bayerische Landeszentrale für politische Bildungsarbeit (Hg.): Der Kosovo-Konflikt - Ursachen - Akteure - Verlauf, München 2000, S. 215.
[219] Schubert, S. 214.
[220] Eicher, S. 403.
[221] Ebd., S. 403f.

Die albanische Außenpolitik ist von einem Bemühen um internationale Kooperation gekennzeichnet. Das Land pflegt insbesondere zu Italien enge Kontakte und läßt sich von italienischen Beamten bei der Zollüberwachung der eigenen Grenzen unterstützen. Die Beziehungen zu dem als "proserbisch" angesehenen Griechenland, waren während des Kosovokrieges zwar einigen Belastungen ausgesetzt, faktisch hatte dies jedoch keine politischen Folgen.[222]

Albanien war politisch nicht gewillt, wirtschaftlich und militärisch zu schwach, um in den Konflikt eingreifen zu können. Zwar stellte das Land die Gebirgsregion im Norden und seine – teils noch aus der Zeit der italienischen Besatzung stammende – Infrastruktur der NATO zur Verfügung. Doch hatte man in Tirana sicher kein Interesse, sich auf einen Krieg mit dem ungleich stärkeren Jugoslawien einzulassen.

Die weitgehende kulturelle Gemeinsamkeit mit den Kosovo-Albanern bot hinreichend Möglichkeiten einer Solidarisierung. Großalbanische Töne wurden und werden jedoch, im Kosovo wie in Albanien, selten angeschlagen. Dies mag zum einen mit dem ungleichen Lebensstandard in beiden Gebieten zusammenhängen, zum andern mit der totalen Abhängigkeit des Landes vom Westen – die USA hatten angedeutet, keine Grenzverschiebung zu tolerieren.

Makedonien
Makedonien war durch den Kosovo-Krieg vor eine existentielle Herausforderung gestellt, da es mit am stärksten vom Flüchtlingsstrom betroffen war. Präsident Gligorov verfolgte die Politik, das Land so weit wie möglich aus dem Krieg heraushalten und gleichzeitig mit Hilfe internationaler Organisationen zu stabilisieren. Dabei wurde allerdings aus sicherheitspolitischen Gründen eine Stationierung von NATO-Truppen der von UN-Blauhelmen bevorzugt. Trotzdem war das Land nicht bereit, sich als Militärbasis für die Angriffe auf Jugoslawien zur Verfügung zu stellen – der Abzug der UNO-Truppen gelang durch folgenden Kunstgriff: Makedonien nahm provokativ diplomatische Beziehungen zu Taiwan auf, die chinesische Reaktion bestand in einem Veto gegen die Verlängerung der UNO-Präsenz in Makedonien.[223]

Das Land gilt als Vorbild internationaler Konfliktprävention, da es die

---

[222] Schubert, S. 217.
[223] Erhardt / Karádi, S. 195f.

einzige ehemals jugoslawische Provinz ist, in der bisher eine gewaltsame Auseinandersetzung zwischen den verschiedenen Volksgruppen vermieden werden konnte. Allerdings herrschten während des Kosovo-Krieges erhebliche Spannungen zwischen Albanern und Mazedoniern, weil sich das demographische Verhältnis aufgrund der großen Flüchtlingszahl verschob.[224] Einige Autoren sehen mit dem albanischen Bevölkerungsviertel Makedoniens bereits ein "eingepflanztes Selbstzerstörungs-Gen" am Werk.[225]

Während des Krieges nahm Makedonien zeitweilig ca. 260.000 Flüchtlinge auf,[226] nutzte aber die schlechte Situation in den Flüchtlingslagern gezielt, um die EU-Staaten zur Aufnahme weiterer Flüchtlinge zu zwingen und gleichzeitig internationale Finanzhilfe zu fordern.[227]

Der Kosovo-Krieg führte zwar zu einer Polarisierung der Bevölkerung, bei der sich UÇK-Anhänger denen des jugoslawischen Präsidenten Milošević gegenüberstanden, doch gingen die beiden Lager nicht dazu über, ihre Differenzen gewaltsam lösen zu wollen. Ob diese bestandene "Feuertaufe" jedoch geeignet ist, das Modell für den zukünftigen Umgang der beiden Volksgruppen miteinander zu bilden, bleibt jedoch, angesichts vieler ungelöster wirtschaftlicher Probleme und der zukünftigen Minderheitenpolitik, abzuwarten.[228]

Türkei
Die Türkei dient Huntington als Beispiel eines zwischen dem Islam und der westlichen Staatengemeinschaft „zerrissenen" Landes. Darüber hinaus sei, teils aus Frustration über die westliche Politik, eine Re-Islamisierung der türkischen Außenpolitik festzustellen.[229]

---

[224] Ebd., S. 195f.
[225] Mayr, Walter in "Der Spiegel" Nr. 13 vom 29. März 1999, S. 216 zit. nach Troebst, Stefan: Feuertaufe- Der Kosovo-Krieg und die Republik Makedonien, in: Bayerische Landeszentrale für politische Bildungsarbeit (Hg.): Der Kosovo-Konflikt - Ursachen - Akteure - Verlauf, München 2000, S. 230 Anm. 3
[226] Krause, Stefan: Weathering the Storm: Macedonia and the Kosovo conflict, Analysis of current events 11 (1999)m H. 5-6, S. 3 zit nach Troebst, S. 240.
[227] Pressekonferenz der Regierung von Makedonien: Die humanitäre Katastrophe in Makedonien ist eine Schande für die internationale Gemeinschaft, in: Nova Makedonija (Skopje) Nr. 18.659 vom 3./4. 4. 1999, S.1-2, zit. nach Troebst, S. 240 Anm. 38.
[228] Troebst, S. 243-245.
[229] COC, S. 144-149.

Mit der Zerrissenheit des Landes liegt Huntington sicherlich richtig. Weil die EU der Türkei keine Beitrittsgarantie ausgesprochen hat, sehen sich die Befürworter der europäischen Option ständiger Kritik ausgesetzt.[230] Die Rolle der islamischen Religion in Staat und Politik ist umstritten. Die politische Liberalisierung, die Eröffnung neuer Islamschulen gab Islamisten, unter ihnen erzkonservative Kräfte, einen größeren Handlungsspielraum.[231] Darüber hinaus existieren islamistische Orden, die zwar offiziell nicht zugelassen, aber in der Praxis weitestgehend geduldet werden.[232] Es ist aber zu beachten, daß einige der islamischen Gruppen in der Türkei, anders als die Fundamentalisten in den arabischen Staaten, nicht auf einen radikalen Umsturz abzielen, sondern lediglich alte Kulturen und Traditionen pflegen, die sie in den Zeiten des Säkularismus verleugnen mußten. Aus diesem Grund fehlte ihnen bisher auch die Möglichkeit, eine Diskussion zu führen, wie der Islam mit der Moderne umgehen sollte.[233]

Die Umwälzungen in Osteuropa 1989/90, der Zerfall der Sowjetunion und die damit verbundene staatliche Unabhängigkeit turksprachiger Völker stellten die Außenpolitik der Türkei vor die Aufgabe einer grundlegenden Umgestaltung. Der politischen Rechten schwebte vor, pantürkische Bestrebungen wiederzubeleben und den Staat zum Vorbild für alle Turkvölker zu machen. Dabei sollte der regionale islamische Einfluß Irans, Afghanistans und Pakistans zurückgedrängt werden. Die staatliche Außenpolitik begann mit einem umfangreichen kulturellen Austausch mit Aserbaidschan, Kasachstan, Kirgistan, Turkmenistan und Usbekistan. Dies nicht zuletzt, um den türkischen Einfluß beim Bau neuer Erdöl- und Erdgasleitungen geltend zu machen. Die hohen Erwartungen, welche die Türkei in die

---

[230] Buhbe, Matthes: Türkei - Politik und Zeitgeschichte (Studien zu Politik und Gesellschaft des Vorderen Orients Bd. 2), Opladen 1996, S.174.

[231] Hottinger, Arnold: Der Islam in der heutigen Türkei, in: Schwarz, Jürgen: Der politische Islam - Intentionen und Wirkungen, Politik- und Kommunikationswissenschaftliche Veröffentlichungen der Görres-Gesellschaft Bd. 8, Paderborn, München, Wien u.a. 1993. Hottinger S. 144f spricht von einer Re-Islamisierung der Türkei. Dies ist sicher richtig, zumindest wenn man von der radikal weltlichen Politik Atatürks ausgeht. Daß die gestiegene Religiosität allerdings eine Abwendung von Europa und eine Hinwendung zur islamischen Welt mit sich bringt, wie Huntington annimmt, läßt sich, angesichts der türkischen Politik während des Kosovo-Krieges nicht feststellen.

[232] Hottinger, S. 146.

[233] Ebd., , S. 153.

neuentstandenen Staaten setzte, wurden jedoch enttäuscht, als sich vielerorts nationale Rivalitäten zeigten und die alte sowjetische Nomenklatura zu einer erneuten Machtübernahme ansetzte.[234]

Betrachtet man das Verhalten während des Bosnienkrieges, so fällt auf, daß die Türkei besonderen Wert auf regionale Stabilität legte und viel daran setzte, ein Auseinanderbrechen Jugoslawiens zu vermeiden, also nicht auf einen bosnisch-moslemischen Staat hinwirkte.[235]

Obwohl die Türkei dazu tendiert, die bosnischen Moslems als wesensverwandt anzuerkennen, blieb es bei einer aufmerksamen Beobachtung des Konfliktes und den Forderungen nach einem raschen westlichen Eingreifen. Nicht *selbst* auf Seiten der Moslems einzugreifen, stellte für die Türkei eine harte Loyalitätsprobe dar. Die türkische Politik beschränkte sich auf die Aufnahme von Flüchtlingen und humanitäre Hilfsleistungen. Diese Unterstützung folgte einem Muster, das sich bereits gegenüber Aserbaidschan und Georgien gezeigt hatte.[236] Innerhalb von UNO, NATO und Europarat setzte sich die Türkei für die bosnischen Moslems ein. Hierbei lief sie allerdings - wegen der Menschenrechtsverletzungen in den Kurdengebieten - selbst Gefahr, vom Ankläger zum Angeklagten zu werden.[237]

Ebenso intensiv wie die türkische Bindung zu den Bosniern ist jene zu den Albanern, die im osmanischen Reich oftmals Soldaten und Generäle stellten.[238]

Daß die türkische Außenpolitik nicht von ideologisch-religiösen Faktoren, sondern vielmehr von nationalstaatlichen und realpolitischen Interessen geprägt ist, beweist zudem der Umgang mit Israel, der 1996 bis hin zu einem militärischen Kooperationsabkommen führte.[239] Innenpolitisch sorgte das Verbot der islamistischen Wohl-

---

[234] Buhbe, S.168f.
[235] Samary, S. 157.
[236] Eickhoff, Ekkehard: Turkey and Europe: The Evolution of their Relationship, in:Bagci, Hüsein / Janes, Jackson / Kühnhardt, Ludger (Hg.): Parameters of Partnership: The U.S. - Turkey - Europe (Schriften des Zentrums für Europäische Integrationsforschung Bd. 14), Baden-Baden 1999, S. 14. Eickhoff weist darauf hin, daß diese Hilfslieferungen von einer großen Solidarität in der Türkei getragen wurden. So kam es in der türkischen Innenpolitik, trotz hoher Arbeitslosigkeit, niemals zum Vorwurf, die Regierung gebe zuviel Geld für die Auslandshilfe aus.
[237] Buhbe, S. 172.
[238] Eickhoff, S. 12f. Siehe auch Kap. 3.1.
[239] Franz, Erhard: Türkei: Säkularismus und Islamismus in der Türkei, in: Hafez,

fahrtspartei RP durch das türkische Verfassungsgericht Anfang 1998 für Aufsehen. Die Gründe für dieses Urteil waren dennoch weniger der vermeintliche Antilaizismus bzw. religiöse Fundamentalismus der Partei (die RP stimmte nicht gegen den Erhalt von US-Militärbasen in der Türkei, entgegen ihrer Aussage im Wahlkampf), sondern machtpolitische Erwägungen des Militärs und der weltlich ausgerichteten Eliten.[240]

Im Kosovo-Konflikt hatte die türkische Regierung die innenpolitische Lage im Auge zu behalten. Die Analogien der Kurdistan-Problematik mit der Situation im Kosovo waren offensichtlich. Daher sollte einem möglichen „Präzedenzfall Kosovo", keine allgemeingültige Legitimation verschafft werden. Auch die Nationalitätenproblematik in Zypern und im griechischen Thrakien ließ Vergleiche zum Kosovo zu. Weil sich nationale Interessen oft nicht mit kulturellen Bindungen deckten, war eine vorsichtige Politik notwendig.[241]

Insgesamt war es das Hauptanliegen der Türkei, sich der EU und den USA als verläßlicher Partner zu präsentieren. Die von Huntington angesprochene „Zerrissenheit" der Türkei zwischen Islamismus und prowestlicher Haltung spiegelte sich jedoch in der Innenpolitik wider. Allerdings deckte sich die türkische Haltung (in die auch die kulturelle Nähe zu den Kosovo-Albanern einfloß) mit den Zielen der NATO. Daher konnte die Türkei eine „prowestliche" und gleichzeitig „proislamische" Haltung einnehmen.

Kai (Hg.): Der Islam und der Westen, Frankfurt 1997, S. 148.
[240] Dufner, Ulrike: Islamismus in der Türkei, in: Rill, Bernd (Hg.): Aktuelle Profile der islamischen Welt, Berichte und Studien der Hanns-Seidel-Stiftung eV, München 1998, S.234f. Ob hier allerdings der "Islamismus" der Partei nur Vorwand war, ihr Verbot einzuleiten, wie die Autorin meint, kann hier nicht beurteilt werden. Sicher ist, daß es innerhalb der RP ein breites Spektrum an Meinungen zur Rolle der Demokratie im Islam und zum Schutz von Minderheiten gab. Offensichtlich ist, daß die RP - immerhin mit demokratischen Mitteln an die Macht gelangt - ein zumindest ein gespaltenes Verhältnis zur Demokratie aufweist. Vgl. dazu: Yürüsen, Melih / Yayla, Attila: Die türkische Wohlfahrtspartei (Interne Studien der Konrad Adenauer-Stiftung Nr. 134 / 1997), Sankt Augustin 1997, S. 52ff.
[241] Kostakos, Georgios: The Southern Flank: Italy, Greece, Turkey, in: Schnabel, Albrecht / Thakur, Ramesh (ed.): Kosovo and the challenge of humanitarian intervention: selective indignation, collective action, and international citizenship, S. 170-172.

Griechenland
Griechenland nimmt aufgrund seiner orthodoxen Glaubenstradition und der guten wirtschaftlichen und kulturellen Beziehungen zu Serbien sowohl eine Sonderrolle in der Region wie auch innerhalb der NATO ein.

Die "griechisch-serbische Freundschaft", basierend auf dem beiden Staaten gemeinsamen orthodoxen Glauben, ist im Bewußtsein stark präsent. Dies zeigt sich bei Umfragen, in denen 52% der griechischen Bevölkerung die Serben als das ihnen freundlich gesinnteste Volk betrachten[242] oder die Albaner als unsympathisch charakterisieren.[243] Diese werden, wegen historischer Gebietsstreitigkeiten mit Griechenland und insbesondere aufgrund ihres muslimischen Glaubens mit dem "Erzfeind" Türkei in Verbindung gebracht, ohne jedoch ausreichend auf die Heterogenität der islamischen Kultur auf dem Balkan einzugehen. Hieraus wird der schlagwortartig so bezeichnete "islamische Bogen" konstruiert, ein Bedrohungsszenario, das alle europäischen Moslems als Verbündete Ankaras im Kampf gegen Griechenland ansieht.[244]

Der Athener Erzbischof Christodoulos gehörte zu den schärfsten Kritikern der NATO-Intervention in Jugoslawien – es ist jedoch offensichtlich, daß diese Kritik eher einer politischen Grundhaltung, nicht jedoch einer religiös-pazifistischen Motivation entstammt, weil Christodoulos Athen 1996 wegen einer vermeintlich zu nachgiebigen Politik gegenüber der Türkei kritisiert hatte.[245] Christodoulos ist von der Motivation geleitet, sich als wahrer, spiritueller Führer Griechenlands darzustellen. Sein Weltbild ist dem "Clash of Civilizations" ähnlich. So sieht er einen Kampf zwischen dem christlichen Westen, dem Islam und der Orthodoxie am Werk. Kirche und Staat bilden für ihn eine Einheit. Allerdings wäre es sicher falsch, in dem Athener

---

[242] Athens News Agency vom 27.5.1999, zit. nach Kraft, Ekkehard: Griechenland und der Kosovo-Konflikt, in: Bayerische Landeszentrale für politische Bildungsarbeit (Hg.): Der Kosovo-Konflikt - Ursachen - Akteure - Verlauf, München 2000, S. 276.
[243] Dimitras, Panayote: Image of the Balkan People in the Greek Press in: Balkan Neighbours, Newsletter 1996/4 <http://www.onlinebg.com/access/BN/BN-4/3.htm> (Adresse nicht mehr gültig) zit. nach Kraft, S. 278.
[244] Alexandris, Alexis / Paresoglou, Athanasios: Mousoulmanikes mionotites sta Valkania, in: Valkania Apo ton dipolismo sti nea epochi, Athen 1994, S. 105-217 zit nach Kraft, S. 278.
[245] Kraft, S. 277.

Erzbischof den Führer einer antiwestlichen, panorthodoxen Front zu sehen – außerhalb Serbiens äußerte sich lediglich der Moskauer Patriarch Alexij in ähnlicher Weise einseitig.[246]

Griechenland ist wegen seiner geographischen Lage auf Jugoslawien als Transitland für den Im- und Export angewiesen. Daher fürchtete man in Athen eine dauerhafte Destabilisierung der Region mit weitreichenden Konsequenzen für die heimische Wirtschaft. Mit ca. einer Milliarde US-Dollar war Griechenland zum Zeitpunkt des EU-Investitionsverbots der größte ausländische Investor in Jugoslawien.[247] Die Athener Regierung wandte sich innerhalb der EU gegen die Forderung, eine Wirtschaftshilfe für Jugoslawien käme nur nach dem Abgang Miloševićs in Frage.[248]

Die griechischen NATO-Militärbasen konnten wegen der Stimmung im Land kaum für US-Einsätze gegen Jugoslawien genutzt werden – die Türkei dagegen, die als traditionelle Schutzmacht der Albaner und Rivale Griechenlands den Luftangriffen wohlwollend gegenüberstand, war bereit, dies durch die Nutzung ihrer Militärflughäfen zu kompensieren.[249]

Die griechische Regierung unternahm mehrere außenpolitische Initiativen, um einen Krieg im Kosovo zu verhindern. Dabei wurde Wert auf internationale Abstimmung gelegt:

"In ihrem Verhalten glich die Athener Regierung anderen europäischen Regierungen, namentlich der deutschen, italienischen und französischen, die aus innenpolitischen Gründen bzw. Wegen der Rücksichtnahme auf Koalitionspartner zu diplomatischen Vorstößen gezwungen waren, die den eigentlichen Gang der Dinge letztlich wenig beeinflußten." [250]

Griechenlands Einfluß sollte die Ausweitung des Luftkrieges verhindern oder zumindest bestimmte nichtmilitärische Ziele von der

---

[246] Vima com 25.2.1996 und 16.3. 1997 und Athens News Agency vom 26.3., 29.3. und 5.4.1999; Neue Zürcher Zeitung International vom 11.5. und 1.10.1998 und 25.5.1999, zit. nach Kraft, S. 278 Anm. 54.
[247] Kraft, S. 275.
[248] Neue Zürcher Zeitung International vom 12./13.6. und 2.7.1999 und Athens News Agency vom 31.7.1999, zit. nach Kraft, S. 276 Anm. 43.
[249] Vgl. Welfens, S. 155.
[250] Kraft, S. 273.

Liste der Angriffsziele streichen.²⁵¹

Griechenland wurde seinen Bündnisverpflichtungen innerhalb der NATO gerecht, konnte dies aber nur unter schwierigen Umständen – zur Zeit der Angriffe gegen Jugoslawien kam es im Land zu einer "serbophilen Hysterie", die sich schon 1995 bei den ersten NATO-Angriffen gegen serbische Ziele in Bosnien angedeutet hatte.²⁵² Allerdings war sich die Regierung immer bewußt, daß sich die griechischen Interessen (etwa im Zypernkonflikt) nicht ohne Unterstützung anderer NATO-Staaten durchsetzen lassen - ein Sonderweg hätte Griechenland innerhalb des Bündnisses isoliert. Griechenland profitierte zumindest dadurch vom Kosovo-Konflikt, daß die EU Thessaloniki zum Sitz der Wiederaufbauorganisation für den Balkan machte.²⁵³

4.3.3. Die internationale Politik

USA

Die Jugoslawien-Politik der USA bis hin zum militärischen Eingreifen durchlief seit 1989 mehrere, voneinander grundverschiedene Phasen. Zunächst bemühte sich Washington, ein Auseinanderbrechen des Balkanstaates zu verhindern. Dies ging nicht zuletzt auf die Furcht um das politische Überleben Gorbatschows zurück – sollten sich in der Sowjetunion ebenfalls größere Nationalitäten- und Unabhängigkeitskonflikte regen, so würde dies gravierende Folgen für das Reformprojekt und die Person Gorbatschows selbst haben²⁵⁴ - eine Sichtweise, die sich im Nachhinein als richtig erwiesen hat.

Als die Einheit Jugoslawiens mit den Unabhängigkeitserklärungen Sloweniens und Kroatiens im Juni 1991 hinfällig war, überließen die

---

²⁵¹ BBC News vom 20.8.1999 (NATO`s inner conflict.
<http:news2.thls.bbc.co.uk/hi/english/world/europenewsid_425000/425468.stm>
(Adresse nicht mehr gültig) zit. nach Kraft, S. 273.
²⁵² Kraft, S. 280.
²⁵³ Kostakos, Georgios: The Southern Flank: Italy, Greece, Turkey, in: Schnabel, Albrecht / Thakur, Ramesh (ed.): Kosovo and the challenge of humanitarian intervention: selective indignation, collective action, and international citizenship, S. 178.
²⁵⁴ Paulsen, Thomas: Die Jugoslawien-Politik der USA 1989-1994. Begrenztes Engagement und Konfliktdynamik (Aktuelle Materialien zur Internationalen Politik, Bd. 39), Baden-Baden 1995, S. 15f.

USA es der europäischen Diplomatie, die Führungsrolle bei der angestrebten Vermittlung im Konflikt zu übernehmen. Ein Politikwandel setzte im Sommer 1992 ein, als die Tragödie in Bosnien ins Blickfeld der Medien rückte und Stimmen laut wurden, die ein Eingreifen der USA forderten. Präsident Bushs Politik war daraufhin angelegt, ein großes, öffentlichkeitswirksames Engagement mit möglichst geringem finanziellen Aufwand zu erzeugen. So kam es in Abstimmung mit WEU und NATO zur Verhängung einer Seeblockade gegen Serbien und Montenegro, der Einrichtung einer Flugverbotszone über Bosnien. Mit dem Amtsantritt Bill Clintons wurde diese Politik zunächst fortgesetzt.[255] Der eskalierende Krieg auf dem Balkan belastete die Beziehungen der USA zu den europäischen Partnerstaaten – die USA mußten sich den Vorwurf gefallen lassen, untätig zu sein, im Gegenzug wurde der EU Uneinigkeit vorgeworfen. Insgesamt trug dies dazu bei, daß der Westen zunächst keine einheitliche, von militärischen Drohungen glaubwürdig unterstützte Linie fand.[256] Die USA als führende politische, wirtschaftliche und militärische Macht der NATO blieben auch im Kosovo-Krieg der einflußreichste Akteur.

Das Ansehen der USA wie auch der NATO wurde, zumindest kurzfristig, erheblich beschädigt, als das chinesische Botschaftsgebäude von drei Raketen getroffen wurde und mehrere Opfer zu beklagen waren. Offiziell wurde der Angriff als bedauerlicher Fehler aufgrund veralteter Informationen bezeichnet.[257] Die US-Berichterstattung im Vorfeld des Krieges war dazu geeignet, eine Stimmung zu schaffen, die ein Eingreifen im Kosovo unumgänglich zu machen schien.[258]

---

[255] Paulsen, S. 16f.
[256] Vgl. Paulsen, S. 118.
[257] Ob dies zutrifft, kann hier nicht beurteilt werden. Denkbar wäre auch, daß China über seine Botschaft der jugoslawischen Regierung Aufklärungsberichte über die NATO-Aktivitäten zukommen ließ und hier ein Konflikt zwischen den beiden Großmächten, quasi im Schatten des Kosovokrieges, ausgetragen wurde. Eine andere Annahme geht davon aus, daß der Angriff die chinesische Reaktion provozieren sollte, sich von dem G-8-Friedensplan zu distanzieren und China somit als Verhandlungspartner ausscheiden würde. Eichner / Schmidt-Eenboom, S. 173.
[258] Beispielsweise deckten sich die Interessen des Nachrichtensenders CNN mit denen der amerikanischen Regierung, ein emotional ergreifendes Bild der Flüchtlingsströme aus dem Kosovo zu vermitteln. Dabei ging CNN im Gegensatz

Wirtschaftlich war bereits vor Beginn der NATO-Angriffe auf Jugoslawien abzusehen, daß ein Krieg in Europa mit all seinen Unwägbarkeiten den Dollarkurs in die Höhe treiben würde. Die Gründe hierfür sind:

- Die südosteuropäischen Wirtschaftsbeziehungen wurden aufgrund des Krieges geschädigt und würden auch die EU-Exporte (insbesondere die Deutschlands, Österreichs, Finnlands und Italiens) in die Region in Mitleidenschaft ziehen.

- Der Krieg war ein europäisches Problem, was bedeutet, daß die EU-Staaten sowohl einen Großteil der Finanzierung des Krieges wie auch der damit verbundenen Flüchtlingshilfe- und Wiederaufbaukosten übernahmen.

- Die US-Rüstungsindustrie profitierte erheblich von den Aufträgen im Rahmen und im Umfeld des Krieges.[259]

In der Literatur zu den US-Motiven für den Kosovo-Krieg wird oft die enge Verbindung zwischen Rüstungsindustrie und Politik angesprochen, teilweise wird der gesamte Krieg auf wirtschaftliche Motive zurückgeführt.[260] Dies erscheint jedoch angesichts der

---

zu europäischen Medien offenbar so weit, bevorzugt Flüchtlinge weißer, kaukasischer Abstammung zu zeigen. Dies würde zwar kein wirklich ausgewogenes Bild der Lage darstellen, aber dem durchschnittlichen, weißen Amerikaner eine einfachere Solidarisierung mit den Vertriebenen erlauben – die dadurch erzeugte Betroffenheit sollte sich in der Einschaltquote niederschlagen. Welfens, S. 115.

[259] Welfens, S. 127-129. Welfens nennt als weitere Faktoren für den Dollaranstieg: Die Lähmung der westeuropäischen Reformpolitik infolge des Krieges, den ansteigenden Migrationsdruck auf Westeuropa und den Führungsanspruch der USA.

[260] So beispielsweise bei Wolf, Winfried: Bombengeschäfte – zur politischen Ökonomie des Kosovo-Krieges, Hamburg 1999, S. 142-153 und Khan, Mansur: Das Kosovo-Komplott – Vom Balkankrieg zur US-Weltherrschaft, Tübingen 2000. Beide Publikationen weisen eine starke antikapitalistische und antiamerikanische Tendenz auf. Den USA wird das Motiv unterstellt, in einem Rundumschlag gegen Jugoslawien einerseits sowie die EU-Staaten andererseits ihre geopolitische und wirtschaftliche Dominanz unter Beweis stellen zu wollen. Nach dieser Ansicht war der Krieg Mittel zum Zweck, die europäischen Staaten durch die schwierigen und kostenintensiven Wiederaufbauprogramme für Jugoslawien langfristig zu schwächen und gleichzeitig die amerikanische Rüstungstechnik zugunsten auf Kosten der sich formierenden europäischen Konkurrenz als die Überlegene zu präsentieren. In der Tat mögen diese

komplizierten Situation der US-Balkanpolitik und der amerikanischen Innenpolitik als zu stark vereinfachend. Die US-Entscheidung zum Beginn der Angriffe auf Jugoslawien wurde von der Diskussion um die Neuformulierung des War Powers Act von 1973 begleitet, in welchem dem Präsidenten das Recht zugestanden wird, Streitkräfte für einen Zeitraum von 60 Tagen im Kampf einzusetzen, erst dann muß die Zustimmung des Kongresses eingeholt werden.[261]

Die Diskussion um das Kosovo zeigte auf Seiten einiger US-Abgeordneter eine erstaunliche Unkenntnis der aktuellen Sachlage – ein Problem, das offenbar bis hin in die höchsten außenpolitischen Entscheidungsgremien reicht.[262] Dies ist um so verhängnisvoller, als die USA über die am weltweit effizienteste Militär- und Geheimdiensttechnik verfügen, die eine genaue Aufklärung der Vorgänge erlaubte.[263] Damit war aber auch die Gefahr der Manipulation gegeben. Andere Staaten, die nicht über diese Möglichkeiten verfügten, waren abhängig von den Informationen, die Washington zu liefern bereit war.

Im Kosovo standen nach Meinung vieler Amerikaner keine "vitalen nationalen Interessen" auf dem Spiel, die ein Eingreifen gerechtfertigt hätten.[264]

Auch die US-Diplomatie unterlag handfesten Sachzwängen – eine Drohung mit Bodentruppen und eine Unterstützung der kosovo-albanischen Unabhängigkeitsbestrebungen wurde mit Rücksicht auf

---

Überlegungen mit in die amerikanische Kosovo-Politik gespielt haben, *inwieweit* sie jedoch bestimmend waren, kann – und muß nicht – im Rahmen dieser Arbeit geklärt werden. Es genügt die Feststellung, daß es nicht primär kulturelle, ethische oder gar religiöse Motive waren, die zum amerikanischen Eingreifen im Kosovo geführt haben. (Vgl. Kapitel 5).

[261] Ramet, Sabrina: Die politische Strategie der Vereinigten Staaten in der Kosovo-Krise: Parteipolitik und nationales Interesse, in: Bayerische Landeszentrale für politische Bildungsarbeit (Hg.): Der Kosovo-Konflikt - Ursachen - Akteure - Verlauf, München 2000, S. 365.

[262] Ramet, Sabrina: Die politische Strategie der Vereinigten Staaten in der Kosovo-Krise, a.a.O, S. 366.

[263] Vgl. Eichner / Schmidt-Eenboom, S. 157-174.

[264] thomas.loc.gov/cgi-bin/query (so zitiert!) und Senator Tim Hutchinson (Republikaner, Arkansas), vgl. Milwaukee Journal Sentinel vom 4.5. 1999 auf Lexis-Nexis Academic Universe, zit. nach Ramet, Sabrina: Die politische Strategie der Vereinigten Staaten in der Kosovo-Krise, a.a.O, S. 367 und 378 Anm. 58.

den Zusammenhalt der NATO-Staaten und die mögliche Reaktion Rußlands unterlassen.[265]

Die NATO-Strategie, die einen reinen Luftkrieg vorsah, stand in krassem Gegensatz zum vermeintlichen Hauptziel, die kosovarische Zivilbevölkerung vor Mord und Vertreibung zu schützen. Es mußte den Verantwortlichen bewußt sein, daß die Bombardierungen zunächst die Intensivierung der Vertreibungen zur Folge haben würde – erwartungsgemäß operierten die serbischen Truppen in kleinen, schwer zu lokalisierenden und aus der Luft kaum zu bekämpfenden Einheiten. Somit waren zunächst nur Luftabwehrstellungen, militärische Gebäude und Infrastruktureinrichtungen als Ziele vorgesehen.

Warum entschied sich Washington für diese Vorgehensweise, zumal sie einen Bruch des Völkerrechts darstellte? Zunächst stand die Stabilität der gesamten Region, insbesondere aber Makedoniens und Montenegros, auf dem Spiel. Ein dauerhafter Aufenthalt der Flüchtling aus dem Kosovo hätte das sensible ethnische Gleichgewicht zerstört. Die Flüchtlingslager, die der UÇK als Rekrutierungsstätten dienten, wären dauerhaft zu einem Unruhefaktor geworden. Zudem hätte ein serbischer Sieg im Kosovo auch die Wunden des Bosnienkrieges wieder aufreißen können, etwa mit dem Anschluß der Republik Srpska an Serbien. Somit waren vor allem die Furcht vor einer etwaigen Ausweitung des Krieges und nicht die Menschenrechtsverletzungen Hauptmotiv für das Eingreifen der westlichen Staaten.[266] Vor diesem Hintergrund ist auch das Beharren

---

[265] Vgl. Ramet, Sabrina: Die politische Strategie der Vereinigten Staaten in der Kosovo-Krise, a.a.O., S. 378.
[266] Vgl. Schmierer, S. 534-541, S. 537f. Diese Einschätzung ist sicher richtig, bedenkt man die Menschenrechtsverletzungen in Ost-Timor, die gleichzeitig mit denen im Kosovo stattfanden. Im Falle Ost-Timors beharrten die westlichen Staaten jedoch darauf, daß die indonesische Regierung selbst für die Wiederherstellung der Ordnung verantwortlich sei. Chomsky, Noam: Zur Logik des militärischen Humanismus, in: Blätter für deutsche und internationale Politik 4/2000 S. 427. Chomsky weist zudem auf das seiner Meinung nach „absurde Prinzip rückwirkender Rechtfertigung" hin, die Bombenangriffe mit den Vertreibungen zu begründen, die - als Folge eben dieser Bombenangriffe - erst an Schärfe und Brutalität zunahmen. Als Gegenargument kann hier nur gelten, die NATO habe von Anfang an den Widerstandswillen und die Ausdauer des serbischen Diktators unterschätzt. Dieses Argument ist allerdings ebenfalls wenig geeignet, die NATO-Strategen und ihre Vorgehensweise in ein positives Licht zu rücken. Erstaunliches Wunschdenken herrschte von Anfang an - Als noch

der westlichen Staaten auf die territoriale Integrität des jugoslawischen Staatsterritoriums zu verstehen - zumal eine Abweichung von diesem Standpunkt von Moskau nicht geduldet worden wäre und nicht absehbare Folgen hätte nach sich ziehen können. Minderheitenproblematiken existieren insbesondere in der Türkei, auf Zypern und in Makedonien.[267] *„Wer im Falle Serbiens die Grenzen verschiebt, der muß auch den Kurden erlauben, ihre Grenzen verändern zu können. Es wäre unverantwortlich, diese Büchse der Pandora aufzumachen."*[268]

Angesichts dieser politischen Situation zielte die NATO-Strategie lediglich darauf ab, die jugoslawischen Streitkräfte zu schwächen, um deren Offensive im Kosovo unmöglich zu machen und Milošević wieder zu Verhandlungen zu bewegen. Später wurde die Rückkehr der Flüchtlinge abgesichert.

Rußland

Rußland ist laut Huntington Kernstaat des slawischen Kulturkreises[269], gleichzeitig aber ein zerrissenes Land, das zwischen dem Westen und seiner eigenen, orthodoxen Kultur stehe.[270]

Die Russische Föderation gehörte zu den schärfsten Kritikern der NATO-Angriffe auf Jugoslawien. Im Vorfeld der Parlamentswahlen 1999 befand sich das Land in einer schweren Wirtschafts- und Finanzkrise, die noch immer nicht ausgestanden ist – die Armee

---

verhandelt wurde, war die NATO der Meinung, die serbische Delegation würde in Rambouillet unterschreiben - ohne daß die Drohung eines militärischen Eingriffes in die Tat umgesetzt werden müsse. Als sich dies als falsch herausstellte, gaben die Planer sich der nächsten Illusion hin, das Regime in Belgrad würde nach einer Machtdemonstration bzw. nach einigen Tagen Bombardements "einknicken" und den Forderungen nachgeben. Auf Seiten der serbischen Führung hoffte man auf den Einfluß der Friedensbewegung im Westen, die es den Regierungen unmöglich machen würde, einen längeren Waffengang zu führen. Grabert, Horst: Die vielen Gesichter des Kosovo-Krieges, in: Albrecht, Ulrich / Schäfer, Paul: Der Kosovo-Krieg : Fakten - Hintergründe - Alternativen, Köln 1999, 2. Aufl., S. 18-38) S.21f.

[267] Vgl. dazu Kostakos, S. 170-172. und Kap. 4.3.2.
[268] Grabert, S.27.
[269] COC, S. 163-168.
[270] COC, S. 139-144. Huntington weist dies anhand der russischen Geschichte, die oft vom Gegensatz zwischen „Westlern" und „Slawophilen" geprägt war, nach.

befindet sich in einem desolaten Zustand, der Staat ist oft nicht in der Lage, ausstehende Löhne und Gehälter zu zahlen. Präsident Jelzin warnte die NATO im Vorfeld der Angriffe, diese könnten den „Dritten Weltkrieg" zur Folge haben.[271] Rußland, so Jelzin, sei zutiefst empört über die NATO-Militäraktion gegen Jugoslawien, diese sei eine „nackte Aggression".[272]

Rußland war zwar Mitglied der internationalen Balkan-Kontaktgruppe, darüber hinaus wurde jedoch von den meisten westlichen Staaten (bis auf Deutschland) kein großer Wert auf eine russische Teilnahme am Konfliktmanagement im ehemaligen Jugoslawien gelegt. Dies auch deswegen, weil man eine proserbische Politik des Kreml befürchtete, die sich mehrmals anzudeuten schien.[273]

Rußland war als einziger großer europäischer Staat nicht in den Krieg verwickelt. Dies bot, ebenso wie die besonderen Beziehungen zu Jugoslawien, die Chance, Rußland im Konflikt vermitteln zu lassen. Allerdings sollte, mit Rücksicht auf die Innenpolitik, der Anschein vermieden werden, Rußland habe Jugoslawien zur Kapitulation gedrängt. Die unbequeme Aufgabe des russischen Balkanentsandten wurde vom – im eigenen Land eher unbeliebten, aber dem Kreml gegenüber loyalen und außenpolitisch unerfahrenen - ehemaligen Premierminister Viktor Tschernomyrdin übernommen. Der Kreml versuchte zwar, das Kriegsende als Erfolg der russischen Diplomatie darzustellen, in Parlament, Militär und Öffentlichkeit kam es jedoch zu weitreichender Kritik bis hin zum Vorwurf des Verrats russischer Interessen.[274] Auch die Beteiligung an der KFOR-Friedensmission, die dem ohnehin überstrapazierten russischen Verteidigungshaushalt finanzielle Schwierigkeiten bereitete, wurde zur Zielscheibe von Kritik. Die Situation der russischen KFOR-Truppen war von Anfang an schwierig, zumal mit dem Widerstand der Albaner im Kosovo zu rechnen war. Ein eigener russischer Sektor, etwa in den serbisch

---

[271] Welfens, S. 102.
[272] Stellungnahme des Präsidenten der Russischen Föderation Boris Jelzin vom 31. März 1999 (Wortlaut), in: Blätter für deutsche und internationale Politik Nr. 5 (Mai 1999), S. 634.
[273] So etwa bei der Verletzung des Embargos gegen Serbien und bei der Weigerung, Serbien als Aggressor zu benennen und aus der KSZE auszuschließen. Vgl. Oschlies, Wolf: Russische Balkanpolitik – Mythos in realpolitischer Bewährung?, a.a.O., S. 231.
[274] Stepanova, S. 161.

bewohnten Teilen des Kosovo kam dagegen für die NATO nicht in Frage. Die Einigung, die schließlich in Helsinki erzielt wurde, war für alle Seiten unbequem. Rußland bekam keinen eigenen Sektor, nicht in serbischen Enklaven aktiv werden, erhielt aber umfassendere Kommando- und Kontrollmöglichkeiten und die Möglichkeit, in allen Sektoren tätig zu sein.[275]

Trotz aller rhetorischen Verurteilung des NATO-Vorgehens zeigte die tatsächliche Politik Rußlands, daß der Krieg um das Kosovo keine langfristige Belastung für die Beziehungen zu den westlichen Staaten sein würde.[276] Rußland zeigte kein Interesse, den Konflikt anzuheizen, etwa durch Waffenlieferungen an Serbien. Präsident Jelzin hatte jedoch angekündigt, seine Politik zu überdenken, falls es tatsächlich zum Einsatz von NATO-Bodentruppen gekommen wäre.[277] Daß es keine einheitliche Linie der russischen Außenpolitik gab, zeigt die Äußerung von Rußlands Parlamentssprecher Genadi Selesnyov, der am 9. April 1999 erklärte, die russischen Atomwaffen würden wieder auf Ziele in Westeuropa programmiert. Präsident Jelzin dementierte dies unmittelbar danach.[278]

Durch die Umgehung des UNO-Sicherheitsrates hatte die NATO dessen Bedeutung drastisch gemindert. Davon betroffen war vor allem Rußland, das, nach dem Verfall seiner Weltmachtrolle, insbesondere in seinem Sicherheitsratssitz eines der letzten verbliebenen machtpolitischen Instrumente sah. Rußlands Position wurde weiter geschwächt, als sich die NATO mehr und mehr als zentrale sicherheitspolitische Institution verstand.[279] Zur Zuschauerrolle verurteilt, versuchte Moskau zumindest auf diplomatischem Gebiet Einfluß auszuüben und bei einer Nachkriegsregelung mitzureden – Dies zeigen die Verhandlungen um einen eigenen russischen Sektor

---

[275] Ebd., S. 163.

[276] Dies trotz der scharfen Worte und Drohungen, die Jelzin fand. Stellungnahme des Präsidenten der Russischen Föderation Boris Jelzin vom 31. März 1999 (Wortlaut), in: Blätter für deutsche und internationale Politik Nr. 5 (Mai 1999), S. 634.

[277] Erhardt / Karádi, S. 179-213, S. 188.

[278] Welfens, S. 102. Die Neuprogrammierung der russischen Atomwaffen, ob sie nun stattfand oder nicht, ist angesichts heutiger Rüstungstechnologie militärisch belanglos, hat aber einen hohen politischen Symbolgehalt. Mit dieser Affäre wurde deutlich, inwieweit die Kosovo-Problematik in die russische Politik hineinspielte.

[279] Erhardt / Karádi, S. 179-213, S. 189.

im Kosovo und die mit der NATO nicht abgesprochene Einnahme des Flughafens von Priština durch russische Fallschirmjäger.[280]

Rußland bemühte sich, seine Rolle in den internationalen Organisationen wahrzunehmen. Ein von Rußland beantragter UN-Sicherheitsratsbeschluß, der eine sofortige Einstellung der Angriffe sowie die Wiederaufnahme von Verhandlungen vorsah, scheiterte.[281] Die sogenannte „slawische Bruderschaft" zwischen Russen und Serben blieb zwar im Bewußtsein vorhanden, realpolitisch aber weitgehend wirkungslos.[282] Ein anderes Motiv, die Aktionen der NATO abzulehnen, war hier offenbar von größerer Bedeutung - Rußland fürchtete, daß der Kosovokrieg Modell für das zukünftige Selbstverständnis der NATO sei, unter humanitärem Vorwand auch in ehemaligen Sowjetrepubliken, eventuell sogar im von Nationalitätsproblemen geplagten Rußland selbst einzugreifen.[283] Die Frage, wie die nationalstaatliche Souveränität gegenüber Separatisten gewahrt werden könne, führte zu einer zeitweisen Annäherung der beiden Staaten. Die russischen Gegner einer NATO-Osterweiterung sahen sich von der Allianz getäuscht – diese hatte versichert, ein rein defensives Militärbündnis zu sein, dem der Wille und die Befugnis zu Offensivhandlungen fehle. Rußlands Beziehungen zur NATO erlebten die schwerste Krise seit dem Ende des Kalten Krieges. Die Duma forderte in einer Erklärung Präsident Jelzin sogar auf, *„Maßnahmen zur Erhöhung der Kampfbereitschaft der Streitkräfte der russischen Föderation und zur Präzisierung von Mobilmachungs- und Operationsplänen zu treffen."*[284]

---

[280] „Nein zu russischer Zone", in: SPIEGEL ONLINE 24/1999 <http://www.spiegel.de/politik/ausland/ 0,1518,27790,00.html>
[281] Stepanova, S. 156.
[282] Grabert, S.32. Grabert ist der Ansicht, das Schlagwort der „historischen Partnerschaft" Rußlands mit Serbien sei „ahistorisch", da es weder den Bruch Titos mit Moskau, noch den jugoslawischen Widerstand gegen die Rote Armee beinhalte. Zur westlichen Rezeption der Russischen Balkanpolitik siehe Stepanova, S. 149. Die Autorin meint, die Beziehung zwischen Rußland und Serbien werde zumeist stark vereinfacht, wenn nicht gar falsch, dargestellt.
[283] Erhardt / Karádi, S. 189.
[284] Empfehlung Nr. 10 der Erklärung der Staatsduma der Russischen Föderation im Zusammenhang mit der Aggression der NATO gegen die Bundesrepublik Jugoslawien vom 27. März 1999 (inoffizielle Übersetzung). Deutlicher gemäßigter, aber auch von großer Besorgnis geprägt, ist der Text des Appells des Föderationsrates der Föderalen Versammlung der Russischen Föderation an die

Es kam zu der Absage von geplanten Treffen, die Abberufung der russischen Botschafter und den Abbruch der bilateralen militärischen Kooperation zu den am Krieg gegen Jugoslawien teilnehmenden Staaten.[285] Der START-II-Vertrag zur nuklearen Abrüstung wurde außer Kraft gesetzt. Zudem wurde ernsthaft diskutiert, ob Rußland nicht das Embargo gegen Jugoslawien unterlaufen solle, um technische Hilfe bis hin zu Waffenlieferungen zu gewähren. Dies wäre allerdings vermutlich zum Scheitern verurteilt gewesen, da die meisten Zufahrtswege in NATO- oder NATO-freundlichen Staaten liegen. Trotz all dieser wirklichen und in Erwägung gezogenen „Gegenmaßnahmen" war die russische Reaktion auf den Krieg – betrachtet man die öffentliche Meinung im Land – zurückhaltend. Trotz erheblichen Drucks auf die Regierung, wurde das UN-Embargo gegen Jugoslawien nicht verletzt.[286]

Alle Schichten der russischen Gesellschaft waren sich in der Ablehnung der NATO-Angriffe einig. Es kam zu landesweiten antiamerikanischen Protesten und zu einem Anschlag auf das deutsche Generalkonsulat in Novosibirsk. Ehemalige Angehörige der Streitkräfte, darunter auch hochrangige Offiziere, meldeten sich demonstrativ für einen freiwilligen Einsatz in Jugoslawien.[287]

In der russischen Presse existierten während der ersten Woche der Luftangriffe zahlreiche scharfe, an Hysterie grenzende Artikel und Kommentare, die sprachlich von slawischer Solidarität geprägt waren. Erstaunlich schnell wichen diese Darstellungen aber einer moderaten Sichtweise. Möglicherweise spielte hier auch die Furcht eine Rolle, daß der Drang der osteuropäischen Staaten in die NATO um so stärker wurde, je mehr Moskau diese kritisierte. Eindeutig proserbisch war

---

Parlamente der Länder der Welt, die Interparlamentarische Union, die Parlamentarische Versammlung der Organisation für Sicherheit und Zusammenarbeit in Europa, die Interparlamentarische Versammlung der Mitgliedsstaaten der Gemeinschaft der Unabhängigen Staaten (sic!) vom 26.März 1999 (inoffizielle Übersetzung).
[285] SIPRI Yearbook 2000 – Armaments, Disarmament and International Security, Oxford, New York 2000, S.191.
[286] Stepanova, S. 150-158.
[287] Ebd.,, S. 159ff. Stepanova berichtet davon, daß alle Umfragen eine nahezu hundertprozentige Ablehnung der NATO-Angriffe zeigten und daß fast 70% der Russen in den Militäraktionen der NATO eine direkte Bedrohung der Sicherheit Rußlands sahen. Dies, obwohl die russischen Massenmedien auch über die serbischen Angriffe auf Kosovo-Albaner und das Flüchtlingselend berichteten.

allerdings die Haltung des Patriarchen der russisch-orthodoxen Kirche, Alexij II. und der radikalen "Gesellschaft für Russisch-Serbische Freundschaft", der russische und serbische Nationalisten angehören.[288] Die russisch-orthodoxe Glaubenstradition hatte wegen ihrer faktischen Unvereinbarkeit mit dem Sozialismus stalinistischer Prägung unter der Sowjetherrschaft erheblich zu leiden gehabt[289] und ist daher bestrebt, einen Teil ihres verlorengegangenen politischen Einflusses wiederherzustellen. So kann die Parteinahme für Serbien auch populistische Hintergründe haben.

Die jugoslawische Führung war sich während des gesamten Konfliktverlaufes einer Tatsache bewußt: daß sie, um einen Kompromißfrieden zu erreichen bzw. die totale militärische und politische Niederlage abwenden zu können, der wohlwollenden Haltung Rußlands bedurfte. Präsident Jelzin hatte Milošević 1998 in Moskau versichert: „Wir vergessen nicht, daß wir slawische Staaten und Freunde sind."[290] In diesem Zusammenhang verwundert es nicht, daß der Waffenstillstand im Kosovokrieg zu dem Zeitpunkt erfolgte, als Rußland signalisierte, der jugoslawischen Regierung den Rückhalt aufzukündigen.[291]

Auf der Ebene der GUS förderten die NATO-Angriffe auf Jugoslawien allerdings die politischen und militärischen Beziehungen von Rußland, Weißrußland und der Ukraine, etwa bei der Frage der Nuklearwaffen und der lange Zeit umstrittenen Schwarzmeerflotte.[292]

---

[288] Oschlies, Wolf: Russische Balkanpolitik – Mythos in realpolitischer Bewährung?, a.a.O, S. 232f.
[289] Vgl. Stroyen, William B.: Communist Russia and the Russian Orthodox Chruch 1943-1962, Washington 1967, insbesondere S. 83ff.
[290] Vstrecha presidenta Rossii Yeltsina i presidenta Yugoslavii Miloševića v Kremle, in: Serbia v mire, Juli/August 1998 S.6, Zit. nach Stepanova, S. 149.
[291] Die in diesem Zusammenhang oft erwähnte slawische Verbundenheit der beiden Staaten ist im Grunde weder stärker noch schwächer als diejenige Rußlands zu anderen slawisch-orthodoxen Staaten - es kam lediglich aufgrund der expansiven Machtpolitik des Milošević-Regimes und der NATO-Reaktion zu einem gestiegenen Einfluß Rußlands auf Jugoslawien. Schmierer, S. 539.
[292] Stepanova, Ekaterina: Rußlands Politik in der Kosovo Krise, in: Krause, Joachim (Hg.): Kosovo –Humanitäre Intervention und kooperative Sicherheit in Europa, Opladen 2000, S. 156f. Diese Tendenz, so wenig tiefgreifend sie auch war, paßt in Huntingtons Modell einer antiwestlichen Solidarisierung.

Deutschland

In Deutschland stellte der Kosovo-Krieg die erste und bisher härteste Bewährungsprobe für die damals gerade neugewählte, rot-grüne Bundesregierung dar. Deutschlands zukünftige Rolle in der Völkergemeinschaft wurde durch die Entscheidung für oder gegen den Truppeneinsatz entscheidend mitgeprägt.[293]

Das Thema Kosovo-Krieg bot genügend Zündstoff, um die Koalition noch vor ihrem Regierungsantritt zu spalten. Es handelte sich um den ersten aktiven Kampfeinsatz der Bundeswehr. Dieser gestaltete sich um so schwieriger, als rechtliche Bedenken sowohl aus der Sicht des Grundgesetztes (Verbot der Vorbereitung eines Angriffskrieges, Art. 26 Abs. 1) als auch aus der Sicht des Völkerrechts (Souveränität der Staaten, fehlende Autorisierung durch den UN-Sicherheitsrat) existierten. Selbst die bündnispolitische Argumentation war zweifelhaft, weil keine Aggression gegen einen NATO-Staat existierte, die ein Eingreifen gerechtfertigt hätte.[294] Trotzdem sah sich die deutsche Regierung einem erheblichen Druck insbesondere der USA ausgesetzt, nicht aus der allgemeinen NATO-Linie auszuscheren und Milošević so auf eine Spaltung innerhalb des Bündnisses hoffen zu lassen, zumal bereits die vorherige deutsche Regierung erheblich an dem Aufbau einer ernsthaften Drohung gegen das jugoslawische Regime mitgewirkt hatte.[295] Der US-amerikanische Druck auf Bundeskanzler Schröder und Außenminister Fischer[296], dem Krieg

---

[293] Die 1999 vorherrschende Unsicherheit bezüglich der neuen Rolle Deutschlands wird anhand der damals verwendeten Schlagworte deutlich. Einen Überblick über diese Schlagworte und Phrasen gibt, wenn auch unbeabsichtigt, Hubel in: Thesen zu Deutschland, Europa, die USA im Krieg um das Kosovo und die Kosovo-Albaner", in: Dicke, Klaus/Hubel, Helmut (Hg.): Die Krise im Kosovo, Erfurt 1999, S. 14-19. Es handelt sich um die Aneinanderreihung der – jeweils in Anführungszeichen gesetzten - Begriffe *Zivilmacht, Musterknabe der Weltpolitik, Bonner Republik, friedenspolitischer Sonderweg.*
[294] Welfens, S. 163.
[295] Mutz, Reinhard: Die Axt an der westlichen Werteordnung, in: Lutz, Dieter S. (Hg.): Der Krieg im Kosovo und das Versagen der Politik (Demokratie, Sicherheit, Frieden Band 128), Baden-Baden 2000, S.163f.
[296] Dieser sagte in einem Interview :"Wir sind eher in eine Situation hineingekommen, die wir nur noch bedingt beeinflussen konnten." Selbst das erscheint angesichts der festen amerikanischen Haltung noch übertrieben. "Es gab nie eine Alternative" - Außenminister Joschka Fischer über die Lehren aus dem Kosovo-Krieg, in: Der Spiegel 25/1999, zit. nach <http://www.spiegel.de

zuzustimmen, erwies sich als erfolgreich, zumal die beiden Politiker bemüht waren, außenpolitisch auf Kurs ihrer Vorgänger zu bleiben und keinesfalls einen deutschen Sonderweg zu gehen. So war die deutsche Entscheidung zum Krieg auch dadurch motiviert, sich nicht dem Vorwurf der Untreue zum Bündnis oder der Unentschlossenheit auszusetzen.[297]

Deutschland hatte zum Zeitpunkt des Kriegsbeginns sowohl die Präsidentschaft in der EU wie auch bei der G-8-Runde inne. Dies ermöglichte eine erweiterte Koordination der diplomatischen Bemühungen. Besonderen Wert legte die deutsche Außenpolitik auf eine Miteinbeziehung Rußlands in die Verhandlungen. Der sogenannte „Fischer-Plan" bildete die Grundlage der G-8-Erklärung („Petersberger Erklärung"). Deren Forderung wurden schließlich, nach umfassenden Verhandlungen des finnischen Präsidenten Ahtisaari, des russischen Balkangesandten Tschernomyrdin und des US-Vizeaußenministers Talbott mit Milošević von diesem erfüllt.[298]

Insbesondere die Grünen taten sich in ihrem Selbstverständnis als pazifistische Partei extrem schwer mit der Entscheidung für den Bundeswehreinsatz – dies, weil hier auf Seiten der Kriegsgegner wie der Kriegsbefürworter vor allem moralische Argumente angeführt wurden. So wurden die vermeintlich einzigen Alternativen gar plakativ auf die Formeln „Nie wieder Krieg" gegen „Nie wieder

---

/spiegel/0,1518, 27850,00.html>

[297] Dies schien den Verantwortlichen wichtiger gewesen zu sein als eine unvoreingenommene Betrachtung der Fakten. So wurden die Terminologie vom "Völkermord" im Kosovo und der vermeintliche "Hufeisenplan" des jugoslawischen Militärs gegen das Kosovo direkt in die Argumentation eingebunden, ohne jedoch die Herkunft der Informationen zu prüfen. Vgl. Scharping, Rudolf: Wir dürfen nicht wegsehen. Der Kosovo-Krieg und Europa, Berlin 1999, S. 107, S. 229-232.
Außerdem existierte eine interne Lageanalyse des auswärtigen Amtes, die besagte, daß im Kosovo *beide* Volksgruppen erheblich unter Krieg und Vertreibung litten, daß die jugoslawische Bundesarmee den albanischen Zivilisten zumindest die Gelegenheit gab, vor Beginn der Kampfhandlungen ihre Dörfer zu verlassen und daß es vielfach die UÇK war, die eine Evakuierung der Zivilisten unterband. (Lageanalyse des Auswärtigen Amtes vom 19. März 1999, zit. nach Lutz, Dieter S.: „Dirty Secrets" oder: War der Kosovo-Krieg wirklich unabwendbar?, in: Lutz, Dieter S. (Hg.): Der Krieg im Kosovo und das Versagen der Politik (Demokratie, Sicherheit, Frieden Band 128), Baden-Baden 2000, S.326f.
[298] Rieks / Weigold, S.15f.

Auschwitz" reduziert. Die öffentliche Meinung zu den Bombenangriffen war gespalten: 52% hielten die Angriffe für richtig, 44% für nicht richtig. Die deutsche Beteiligung an der KFOR-Mission hatte die höchsten Zustimmungsquoten bei Anhängern von FDP (82%) und SPD (78%). Zwei Drittel der Grünen befürworteten eine deutsche Beteiligung, lediglich die PDS-Anhänger waren größtenteils gegen die Angriffe auf Jugoslawien (82%) und deutsche KFOR-Truppen (67%).[299]

Kritik an Deutschlands Haltung im Kosovo-Krieg kam von der extremen Linken wie auch der extremen Rechten, wenn auch grundverschiedene Interpretationen der Ereignisse vorlagen. Einige Autoren sahen ein Wiederaufflammen des deutschen Hegemonialanspruches am Werk, der die geopolitische und vor allem wirtschaftliche Beherrschung der Balkanregion zum Ziel hätte,[300] andere meinten, eine amerikanische Verschwörung[301] zu erkennen, auf die sich die deutsche Politik, aus Naivität oder Unterwürfigkeit eingelassen hätte. Eine besondere Rolle kam bei beiden Argumentationen der Rolle der Medien zu, welche die Öffentlichkeit bewußt manipuliert hätten. Auch hätten die beiden deutschen Geheimdienste BND und MAD wesentlich dazu beigetragen, die UÇK technisch auszurüsten und zu finanzieren.[302]

---

[299] Die Zahlen basieren auf zwei repräsentativen Umfragen der Mannheimer Forschungsgruppe Wahlen. Die Fragen zu den Luftangriffen wurden vom 17.-20. Mai 1999 gestellt. Zu diesem Zeitpunkt hatte der Bombenkrieg schon zahlreiche zivile Opfer gefordert. Die Umfrage zur deutschen KFOR-Beteiligung fand vom 21.-24. Juni, also zwei Wochen nach Unterzeichnung des Waffenstillstandes statt. Befragt wurden jeweils über 2000 volljährige Personen. Zit. nach „Kosovo: Die Deutschen haben den Krieg mitgetragen", in: Bundesverband Deutscher Banken (Hg.): INTER/ESSE, 7/1999, S. 4-5.
[300] Stellvertretend für diese Position sei hier Küntzel, Matthias: Der Weg in den Krieg – Deutschland, die NATO und das Kosovo, Berlin 2000, insbesondere S. 95-104, genannt. Darin wird behauptet, der Hauptgrund für die Unruhen im Kosovo sei der albanische Nationalismus, der insbesondere von deutscher Seite als Vorwand für das gewaltsame Eingreifen genutzt worden sei. Zu ihrer Legitimation sei diese blanke Machtpolitik moralisch verbrämt worden.
[301] Khan, Mansur: Das Kosovo-Komplott – Vom Balkankrieg zur US-Weltherrschaft, Tübingen 2000.
[302] Eichner / Schmidt-Eenboom, S. 157ff. Dabei führen die Autoren u.a. an, daß die UÇK auch mit deutschen Uniformen aufgetreten sei. Dies mag zwar der Fall gewesen sein, läßt sich aber wohl eher dadurch erklären, daß in Deutschland

Großbritannien

Die Politik Großbritanniens gegenüber Jugoslawien durchlief in den 90er Jahren einen erstaunlichen Wandel. Während der Kriege in Bosnien und Kroatien war es britische Politik, die westeuropäischen Staaten bei deren Aktionen gegen das Belgrader Regime zu mäßigen und auf eine moderate Vereinbarung mit Milošević hinzuarbeiten. In diesem Sinne wurden der von serbischen Truppen verübte Angriffskrieg und die daraus resultierende Flüchtlingsproblematik als "humanitäre Krise" verharmlost.[303] Während der sich zuspitzenden Kosovo-Krise war es dagegen Großbritannien, das sich innerhalb der UNO (wegen des russischen Widerstandes erfolglos) und in der EU für ein weitergehendes Embargo sowie Visabeschränkungen gegenüber Jugoslawien einsetzte. Offenbar spielten in der ersten Hälfte der 90 Jahre, zur Zeit der konservativen Regierung, alte, geopolitische Denkmuster eine größere Rolle – in dieser Logik stellte Jugoslawien einen historischen Verbündeten dar, der auch heute noch stark sein müsse, um die Stabilität auf dem Balkan gewährleisten zu können. Bereits im Verlauf der Krise, spätestens aber mit Bekanntwerden des „Massakers" von Raçak änderte sich die britische Haltung. Bei ihrer Politikgestaltung waren Tony Blair und seine Regierungsmannschaft weitaus handlungsfähiger als der innenpolitisch angeschlagene US-Präsident Clinton oder kontinentaleuropäische Koalitionsregierungen, die, wie im Fall Deutschlands, nicht auf eine flexibler einsetzbare Berufsarmee zurückgreifen konnten. Von daher ist auch das Drängen der Briten innerhalb der NATO zu verstehen, notfalls Bodentruppen einzusetzen, wenn sich allein durch den Luftkrieg nicht die gewünschten Ergebnisse erzielen lassen. Die Mehrheit der Bevölkerung unterstützte

---

lebende albanische Gastarbeiter Uniformen beschafften und an die UÇK weiterleiteten. Auf deutscher Seite konnte kein Interesse bestehen, die UÇK (zumindest auf diese offensichtliche Art) zu unterstützen. Dies hätte nur der serbischen Propaganda vorschub geleistet, die von einer erneuten "faschistischen Aggression" Deutschlands sprach.

[303] Sharp, Jane: Honest Broker or Perfidious Albion. Institute for Policy Research, London 1997, Vorwort und S.2, zit. nach Woolacott, Martin: Großbritannien und die Kosovo-Krise, in: Bayerische Landeszentrale für politische Bildungsarbeit (Hg.): Der Kosovo-Konflikt - Ursachen - Akteure - Verlauf, München 2000, S. 418f.

das aggressive Vorgehen gegen Belgrad.[304]

Die islamischen Staaten

In der gesamten islamischen Welt wurde der Krieg um das Kosovo mit Aufmerksamkeit verfolgt und teils propagandistisch als Beleg für eine vermeintlich weltweite Verfolgung von Moslems dargestellt. Andererseits war auch, ähnlich wie etwa in Rußland und China, die Überlegung präsent, die NATO könne den Kosovokrieg als Modellfall für eine zukünftige Einmischung in innerstaatliche Angelegenheiten nutzen. Die USA waren bestrebt, diesen Eindruck - durch die Betonung humanitärer Absichten und ihres Einsatzes *zugunsten* der Moslems - zu beseitigen. Kritik an den USA wurde auch von offizieller Seite geäußert, etwa in Bahrain und den Palästinensergebieten. Vor allem die Zunahme ziviler Opfer und die Angriffe gegen die Infrastruktur Jugoslawiens wurden scharf verurteilt. Trotzdem existierte eine *allgemeine* islamische Solidarität mit den vertriebenen Albanern. Diese schlug sich jedoch *nicht* in einem außenpolitischen Konsens der islamischen Staaten oder gar in einer Koordination der Politik nieder.[305]

Im Iran war die öffentliche Meinung, ebenso wie in Saudi-Arabien und der Türkei, auf Seiten der Kosovo-Albaner, die NATO-Angriffe wurden begrüßt. Die Bemühungen der iranischen Regierung um eine vorsichtige Annäherung an die USA werden allerdings von den noch immer einflußreichen Revolutionswächtern unterlaufen. Der iranische Staatspräsident Rafsandschani, der zu den pragmatisch orientierten Politikern gehört, sorgte, entgegen den früheren radikalen Unabhängigkeitsbestrebungen des Staates, für eine Wiedereingliederung in das Weltwirtschaftssystem. Die wechselhaften politischen Verhältnisse der Region, die ethnisch heterogene Zusammensetzung seiner Bevölkerung und der langwierige und verlustreiche Krieg gegen den Nachbarn Irak haben dazu geführt, daß die iranische Führung nationalen Sicherheitsinteressen einen entsprechend hohen Stellenwert

---

[304] Woolacott, Martin: Großbritannien und die Kosovo-Krise, in: Bayerische Landeszentrale für politische Bildungsarbeit (Hg.): Der Kosovo-Konflikt - Ursachen - Akteure - Verlauf, München 2000, S. 419-4-426
[305] Karawan, Ibrahim A.: The Muslim World – Uneasy Ambivalence, in: Schnabel, Albrecht / Thakur, Ramesh (ed.): Kosovo and the challenge of humanitarian intervention: selective indignation, collective action, and international citizenship, S. 217-221

einräumt.[306] Der innere Machtkampf zwischen Pragmatikern und Ideologen bleibt nicht ohne Auswirkungen auf die Außenpolitik, zumal nichtstaatliche iranische Organisationen an Khomeinis Programm des gewaltsamen Exportes der Revolution festhalten.[307] Gute Beziehungen zu Rußland stehen für den Iran im Vordergrund der Politik. Die Rücksichtnahme auf die Beziehungen zu Rußland ging soweit, daß der offizielle Iran auf eine explizite Verurteilung des Tschetschenienkrieges verzichtete. Auch die gewaltsame Unterdrückung der Rebellen in Aserbaidschan bewegte den Iran nicht zur Aufgabe seines strikten Neutralitätskurses. In beiden Fällen waren *Moslems*, im Falle Aserbaidschans gar schiitische Glaubensgenossen die Leidtragenden.[308] In Nordalbanien waren 120 iranische Ärzte und medizinische Fachkräfte beschäftigt, in Saudi-Arabien wurden Spendengelder für die Kosovo-Flüchtlinge gesammelt.[309]

Anders dagegen der mit den USA verfeindete Irak: Dieser unterstützte das jugoslawische Militär mit den im Krieg um Kuwait gesammelten Erkenntnissen zur US-Luftkriegsstrategie und –technik.[310] Der irakischen Regierung war also daran gelegen, als späte Rache für den Golfkrieg, den USA auf diese Weise zu schaden. Indem Saddam Hussein sich auf die Seite Belgrads stellte, machte er zugleich deutlich, wie wenig sein Handeln von islamischer Solidarität, wie sehr dagegen von Antiamerikanismus geprägt wurde. Ob Huntington auch in diesem Verhalten einen Beweis für ein antiwestliches Bündnis des Islam und mit der slawischen Orthodoxie sehen wird, bleibt abzuwarten.

---

[306] Kreile, Renate: Islamischer Internationalismus oder realpolitischer Pragmatismus? Zwei Jahrzehnte Außenpolitik der islamischern Republik Iran, in: APuZ B 19/99, S. 5f.
[307] Ehteshami, Anoushiravan / Hinnebusch, Raymond A.: Syria and Iran. Middle Powers in a penetrated regional System, London, New York 1997, S.33, zit. nach Kreile, S. 10.
[308] Kreile, S. 11.
[309] Schütt, Peter: "Im Kosovo schlägt heute das Herz aller Moslems", <http://www.welt.de/daten/1999/06/26/0626au119556.htx> und Karawan, S. 217.
[310] Ramet, Sabrina: Die politische Strategie der Vereinigten Staaten in der Kosovo-Krise, a.a.O., S. 365-380.

5. Fazit: Möglichkeiten und Grenzen des COC-Modells

Zunächst zu den eingangs genannten Fragen:

War Kulturkreiszugehörigkeit ein maßgeblicher Faktor bei der staatlichen Politikgestaltung?

Für den Krieg um das Kosovo läßt sich dies klar verneinen: Während des Konfliktes hat sich gezeigt, daß die Außenpolitik der Staaten in nur sehr geringem Maße dem Einfluß der Kultur- oder gar Kulturkreiszugehörigkeit unterliegt. Die Hauptmotivationen der Serben und der Albaner waren nationaler, die der staatlichen Akteure pragmatischer Natur. Der Krieg wurde im Bewußtsein von *Kultur*, nicht aber *wegen* Kultur*kreis*zugehörigkeit geführt – dementsprechend hielt sich der „Kernstaat der slawischen Kultur", Rußland, zurück, griffen die islamischen Staaten (bis auf die unmittelbar betroffene und im Rahmen eines *westlichen* Militärbündnisses agierende Türkei) nicht in den Konflikt ein, blieb die griechische Verbundenheit mit Serbien für die Politik nahezu folgenlos. Das von Huntington prognostizierte "kin-country rallying"[311] blieb zugunsten eines politischen Pragmatismus aus.

Griechenland und Rußland weisen eine kulturelle Nähe zu Serbien auf, die jedoch nicht dazu geeignet war, politik*gestaltend* zu wirken, sondern lediglich eine *Beschränkung der Gestaltungsmöglichkeiten* darstellte – so wäre es etwa undenkbar gewesen, daß die griechische bzw. russische Regierung, entgegen der Stimmungslage in ihren Ländern, die Vorgehensweise der NATO gegen das Milošević-Regime lauthals begrüßt hätten.

„Mitten im Klima der Verhärtung kultureller Wahrnehmung zwischen dem Islam und dem Westen wirken bestimmte Gesellschaftskräfte - etwa in Außenpolitik, Außenhandel, Kirchen und Wissenschaft - dem allgemeinen Trend entgegen. Sie agieren antizyklisch und fügen sich nicht einfach in Huntingtons Prognose vom ‚Kampf der Zivilisationen'. Eine Blockbildung - das islamische gegen das westliche Lager - wird durch die Vielfalt der zwischenstaatlichen Beziehungen verhindert."[312]

Der Krieg um das Kosovo fand in einer internationalen Konstellation statt, die von der Schwäche und Abhängigkeit Rußlands geprägt war. Dies kann sich – langfristig gesehen – ändern, ebenso wie die

---
[311] COC, S. 20.
[312] Hafez, S. 23.

russische Außenpolitik gegenüber dem Westen. Sollten nationalistische Kräfte die Oberhand gewinnen, könnten diese in Versuchung geraten, den Faktor Kultur erneut im Sinne einer panslawistischen Machtpolitik zu nutzen.

Wird dem Spannungsverhältnis Innenpolitik-Außenpolitik ein ausreichendes Gewicht in Huntingtons Modell eingeräumt?

Dies ist eindeutig nicht der Fall, die an Huntington geäußerte Kritik erscheint im Hinblick auf das Kosovo berechtigt. Die Außenpolitik stand erheblich unter dem Einfluß innenpolitischer Erwägungen. Angesichts der großen Anzahl staatlicher und innerstaatlicher Akteure waren innenpolitische Aspekte (besonders in Serbien und Albanien) deutlich bei der Gestaltung der Außenpolitik zu spüren – man denke an die Dynamik des serbischen Nationalismus oder den plötzlichen Sinneswandel des Berisha-Clans in der Haltung zur UÇK. Zahlreiche diplomatische Initiativen (etwa die Rußlands, Deutschlands oder Griechenlands) sind im Bewußtsein und mit Hinblick auf die innenpolitische Lage entstanden – so sollte es schließlich ermöglicht werden, den Waffenstillstand als Frucht der jeweils eigenen Diplomatie darzustellen. Die Außenpolitik der hier betrachteten Staaten war vor allem von der Erwägung sicherheitspolitischer und ökonomischer Interessen gekennzeichnet. Diese ließen sich, etwa im Falle Rußlands, nicht mit der kulturellen Nähe zu Serbien in Einklang bringen.

Wird das Modell der Komplexität der internationalen Politik gerecht? Welche Rolle spielten internationale Organisationen und nichtstaatliche Akteure?

Staaten sind zwar weiterhin Hauptakteure, trotzdem hat sich eine gestiegene Bedeutung von internationalen Organisationen gezeigt. Diejenigen Organisationen und Gremien, die an der Krisendiplomatie um das Kosovo teilnahmen, entfalteten, wenn auch erst in ihrem Zusammenwirken, genügend Kraft, eine Friedenslösung zu erzwingen. Die Luftangriffe der NATO haben erst den Druck erzeugt, den die G-8-Staaten schließlich politisch nutzen konnten. Gleichzeitig gab die Resolution 1244 des UN-Sicherheitsrates Milošević die Gelegenheit, unter Wahrung seines Gesichtes im eigenen Land einen Rückzug aus dem Kosovo anzuordnen – und zumindest die

Einbeziehung Rußlands als Erfolg der eigenen Anti-NATO-Politik darzustellen. Dies zeigt, daß es zumindest symbolisch von hoher Bedeutung war, sich die kulturelle Nähe von Rußland und Serbien bei der Suche nach einem Ausweg aus dem Krieg zunutze zu machen. In eine ähnliche Richtung gehen auch Aussagen des russischen Präsidenten Jelzin – es war Rußland wichtig, daß der UN-Sicherheitsrat sich wieder der Kosovo-Thematik annahm und dies nicht komplett der NATO überlies.[313] Somit waren die internationalen Organisationen mehr als lediglich Austragungsort für Konflikte – sie trugen mit zur Konfliktbewältigung bei.

Traten während des Konfliktes um das Kosovo ausgeprägte kulturelle Polarisierungstendenzen zutage?

Dies war in Ansätzen der Fall. In Griechenland und Rußland verhielten sich die Medien teilweise irrational proserbisch. Dabei spielte die kulturelle Nähe der Staaten aufgrund der orthodoxen Glaubenstradition eine große Rolle. Überwiegend hing es von der jeweiligen ethnischen Zugehörigkeit ab, wie Historiker die Geschichte, insbesondere die Amselfeldschlacht, interpretierten, wie die allgemeine Einstellung zu den NATO-Luftangriffen war oder mit welchen Gefühlen und Erwartungen die Menschen den russischen oder deutschen KFOR-Soldaten gegenübertraten. Je stärker eine Gruppe in den Konflikt involviert war, desto mehr identifizierte sie sich mit ihrer Kultur (nicht jedoch mit einem Kulturkreis). Der Krieg im Kosovo machte selbst Nachbarn zu Feinden.[314] Auch nach Kriegsende kam es zu einer Reihe von Terroranschlägen auf die noch im Kosovo verbliebenen serbischen Zivilisten und Grenzpolizisten. Dies mußte, zumindest auf absehbare Zeit, die Hoffnungen auf ein weiteres Zusammenleben der Volksgruppen zerstören. Dies sind

---

[313] "Europa ohne Trennungslinien" - Boris Jelzin über den Nato-Krieg in Jugoslawien und Rußland vor den Wahlen, in: Der Spiegel 25/1999 zit. nach <http://www.spiegel.de/spiegel/0,1518,27862,00.html> Im gleichen Interview betont Jelzin die kulturelle Nähe von Rußland mit Weißrußland: *„Die Idee eines russisch-belorussischen Staatenbundes wurzelt in der Gemeinsamkeit historischer Schicksale und in der Freundschaft unserer beiden Völker. Wir stehen einander kulturell und geistig nahe, wir haben gemeinsame strategische Interessen. Dies ist ein freiwilliger Schritt von Staaten und Völkern aufeinander zu."*
[314] Rohde, S. 66-70.

Belege, daß hier die kulturelle Identität in wesentlichem Maß Gefühle – und damit teilweise auch Handlungen – prägte. Ganz anders stellte sich dagegen die Ebene *staatlicher* Politik dar. Diese mußte zwar, um effektiv bleiben zu können, zumindest vorgeben, auf Stimmungen der Bevölkerungsmehrheit einzugehen. Handlungsoptionen aber, und dies zeigte sich bei allen untersuchten Staaten, unterliegen in starkem Maß externen Faktoren. Der außenpolitische Kurs, den die Regierungen verfolgten, ließ sich vor der jeweiligen Bevölkerung rechtfertigen, selbst, wenn ein eklatanter Widerspruch zwischen Stimmungslage und offizieller Politik herrschte. Daß sich zeitweise die russischen mit den serbischen Interessen deckten – nämlich eine Abspaltung fremder Volksgruppen vom Mutterland zu vermeiden – entspricht einer klassischen nationalstaatlichen Sichtweise, nicht kultureller Nähe und panslawistischen Vorstellungen.

„(...) ohne Zweifel bleibt Rußland in der historischen Erinnerung der Balkanvölker eine Macht, die einst eine wichtige, wenn nicht die entscheidende Rolle bei ihrer Staatenbildung spielte. Das gegenwärtige politische Verhalten der meisten Balkanländer wird dagegen nicht von Rußlands vergangenen Verdiensten geprägt, sondern von dessen Unfähigkeit, ihnen bei der Integration in die Weltwirtschaft helfen zu können. Das ist der wesentlich Grund für die Hinwendung der meisten Balkanstaaten zur NATO und zur Europäischen Union."[315]

Ein „Zusammenprall der Kulturen" fand nicht statt - er wurde bestenfalls inszeniert. Wie Saddam Hussein 1990/91 stand Slobodan Milošević 1998/99 vor einer Auseinandersetzung mit einem westlichen Militärbündnis. Wie Hussein versprach sich Milošević durch die Betonung kultureller Aspekte eine Stärkung der Abwehrbereitschaft der Armee und eine verbesserte innenpolitische Stellung.

Geriet der Westen wegen seines Universalismus in Konflikt mit Jugoslawien?

Wie bei den Betrachtungen zur US-Balkanpolitik gezeigt, ging es nicht in erster Linie um den Schutz der Kosovo-Albaner oder der Menschenrechte, wichtiger waren bündnis- und sicherheitspolitische Erwägungen. Der Krieg im Kosovo zeigte, daß die NATO dabei ist,

---

[315] Stepanova, S. 149

sich von einer Verteidigungsgemeinschaft in eine Ordnungsmacht zu verwandeln. Daß dies sicherheitspolitische Probleme mit Rußland bedeuten kann, wird dabei in Kauf genommen. So war es nicht der humanitäre Universalismus der westlichen Staaten, der den Konflikt mit Jugoslawien heraufbeschwor. Eine große Rolle spielte jedoch die Glaubwürdigkeit der westlichen Politik und die Ernsthaftigkeit der Drohungen gegen den serbischen Diktator.[316]

Mit zunehmender Anzahl ziviler Opfer in Jugoslawien wuchs auch der Widerstand der Friedensbewegungen in den westlichen Staaten gegen die NATO-Angriffe. Dies zeigt, daß die Menschenrechte, für welche die NATO zu kämpfen behauptete, im Bewußtsein der Öffentlichkeit einen hohen Stellenwert genossen. Im Verlauf des Krieges hat sich gezeigt, daß trotz aller Gegensätze, zumindest in der Kriegspropaganda beider Seiten, die westlichen Werte das zentrale Thema waren. So wurden der Gegenseite jeweils diejenigen Taten vorgeworfen, die aus dieser Sicht besonders verwerflich erscheinen, z.B. die Ermordung von Zivilisten, insbesondere von Kindern, sowie die Zerstörung historischer Denkmäler.[317]

Trotz dieser Stoßrichtung der Belgrader Propaganda gelang es Milošević nicht, die NATO als Verbrecherorganisation darzustellen, die skrupellos und willkürlich Zivilisten tötet – während des Krieges versuchte ein Teil der serbischen Bevölkerung, einen "menschlichen Schutzschild" gegen NATO-Angriffe auf Brücken zu bilden. Dies konnte nur geschehen, weil die Menschen darauf vertrauten, die NATO werde eine so große Anzahl ziviler Opfer nicht in Kauf nehmen.

Was die Gründe für das Eingreifen der NATO in den Konflikt betrifft, so spielte Kulturzugehörigkeit insofern keine Rolle, als die Kosovo-Albaner nicht zum westlichen Kulturkreis gehören. Allerdings waren es die westlichen Werte, mit denen man die Luftangriffe rechtfertigte.

---

[316] Ziele und Interessen der Vereinigten Staaten und der NATO im Kosovo. Fact Sheet des US-Außenministeriums vom 26. März 1999 (Wortlaut), in: Blätter für deutsche und internationale Politik Nr. 5/1999, S. 631f. Als Kriegsziel nennt das Dokument die Bekräftigung der NATO-Entschlossenheit noch vor der Verhinderung der Vetreibungskampagne.
[317] Vgl. Markovic, Milo: Gewaltige Schäden an der kulturellen Substanz Jugoslawiens, in: Richter, Wolfgang / Schmähling, Elmar / Spoo, Eckart (Hg.): Die Wahrheit über den NATO-Krieg gegen Jugoslawien, Schkeuditz 2000, S. 239-242 und Scharping, S. 145.

Eine größere Rolle bei der Entscheidung zum Krieg spielte, neben den in Kapitel 4 untersuchten Motiven, offenbar folgendes:

Dem Eingreifen der NATO ging, wie es bei nahezu allen Kriegen der Fall ist, eine Reihe von Fehleinschätzungen beider Seiten voraus.[318] Glaubte man auf Seiten der NATO, Milošević werde unmittelbar nach Beginn der Angriffe einlenken, so hoffte dieser auf die Unterstützung Rußlands. Beides trug zu einer Verlängerung des Krieges bei. Die NATO und Jugoslawien unterschätzten gegenseitig ihre Ausdauer.

Die folgenden Kritikpunkte an Huntingtons Theorie haben sich als berechtigt erwiesen:

Der Islam hat sich nicht, wie Huntington annimmt, als homogener Block gezeigt, der darauf aus ist, Allianzen im Kampf gegen den Westen zu schmieden. Die Kosovo-Albaner waren bereit, für die Verwirklichung ihrer Lebensweise - und damit: ihrer Kultur - zu kämpfen. Diese Hinwendung zu einem gewaltsamen Vorgehen setzte jedoch erst ein, nachdem die Unterdrückung durch die Belgrader Politik ein unerträgliches Ausmaß angenommen hatte. Von Seiten vieler islamischer Staaten wurde die Situation im Kosovo mit Besorgnis verfolgt. Die Angriffe der USA lösten jedoch keine panislamische Euphorie aus und wurden eher skeptisch betrachtet.

Huntington hat gezeigt, daß er einseitig argumentiert. Seine Äußerungen sowie seine Auslassungen reduzieren den Kosovo-Krieg auf die Auseinandersetzung zwischen Serben und Albanern, ohne das diplomatische oder militärische Eingreifen des Westens hinreichend zu thematisieren.

Es haben sich deutliche Bruchlinien innerhalb der Kulturkreise gezeigt. Dies selbst dann, wenn man Huntingtons Kulturkreiseintei-

---

[318] Jervis, Robert: War and Misperception, in: Rotberg, Robert I. / Rabb, Theodore K.: The Origin and Prevention of Major Wars, Cambridge 1994, S. 101-126. Diese Fehleinschätzungen stehen zwar nicht im direkten Widerspruch zu Huntingtons Theorie, sind aber zu einem umfassenderen Verständnis von Kriegsursachen notwendig. Fehlprognosen, insbesondere die Unterschätzung des jeweiligen Gegners, begünstigen den Ausbruch von Kriegen. (S.125). Huntington impliziert aufgrund der kulturellen Differenzen zwischen den Völkern zumindest indirekt eine gewisse Unvermeidbarkeit von Konflikten und Kriegen. Von daher ist es wichtig, aufzuzeigen, daß gerade das Eingreifen der NATO in den Kosovo-Krieg keineswegs unvermeidbar, sondern, zu einem gewissen Teil das Produkt von falschen politischen und militärstrategischen Lageeinschätzungen war.

lung folgt. Rußland und Jugoslawien meinten, sich ein Taktieren erlauben zu können, auch wenn dies Tag für Tag das Leben zahlreicher Menschen kostete und die Infrastruktur Jugoslawiens schwer beschädigte. Daß zwischen den beiden Staaten jedoch keine dauerhafte, kulturell bedingte Allianz existierte, beweist die Tatsache, daß Rußland seinen Beziehungen zum Westen schließlich eine höhere Priorität einräumte als der historischen Partnerschaft mit Jugoslawien.

Religion und Kultur waren in erster Linie Instrumente der Politik, anstatt, wie Huntington annimmt, Selbstzweck oder Handlungsanweisung zu sein. Die Religion hatte einen teilenden, aber auch eine verbindenden Einfluß: Sicher waren sich alle drei genannten Religionen in der offiziellen, kirchlichen Ablehnung von Gewalt einig. Dies unterstützte den Dialog. In der Vergangenheit hat es aber, zumindest auf Seiten der orthodoxen Kirche, durchaus Bestrebungen gegeben, die Ablehnung gegen die Albaner zu fördern und großserbische Politik zu betreiben.

Die von Huntington prophezeite Frontstellung zwischen Christentum und Islam kam im Kosovo nicht zustande. Es waren vor allem christlich geprägte Staaten, die zugunsten der moslemischen Kosovaren gegen das orthodoxe Serbien eingriffen. Im Gegenteil hat die Erfahrung des Kosovo-Krieges gezeigt, daß lediglich aufgrund von Kulturzugehörigkeit keine Schlüsse auf das zu erwartende Verhalten von Moslems möglich sind. So fand Slobodan Milošević, der gegen Moslems Krieg führte, die – zumindest propagandistische - Unterstützung von Regierungen moslemischer Länder wie Libyen und Irak. Die reale Politik war also sehr weit vom Szenario eines islamischen Feldzuges gegen den Westen entfernt.[319]

Kulturelle Identität, zumindest in der Balkanregion, definiert sich nicht primär über Religionszugehörigkeit. Vielmehr ist die Zugehörigkeit zu einer Religion nur eines unter mehreren kulturellen Merkmalen. Ironischerweise hatte Religiosität für die orthodoxen Serben einen höheren Stellenwert als für die moslemischen Albaner – auch dies ein Sachverhalt, der bei Huntingtons Betrachtungen zum Balkankonflikt übersehen wird. Für die kriegführenden Serben und Albaner stand ein Nationalgefühl im Vordergrund, welches sich aus ihrer ethnischen Zugehörigkeit, ihrer Sprache und ihrem historischen

---

[319] „Rethinking U.S. Foreign Policy and Islam after Kosovo", in: Georgetown Journal of International Affairs online.
Zit. nach http://cfdev.georgetown. edu/publications/journal/1_2.htm.

und religiösen Selbstverständnis ableitete. Während des Kosovo-Krieges wurde dieses Nationalgefühl, ebenso wie die Religion, insbesondere durch Milošević und die radikalen Albanerführer politisch instrumentalisiert, um Unterstützung zu gewinnen.[320]

Auch im Kosovo trifft zu, was schon über die Nationalitätenkonflikte Rußlands ausgesagt wurde, nämlich *"daß auf der Makroebene von Staaten religiöse Unterschiede ganz offensichtlich eher im Sinne der politisch-ökonomischen Partikularinteressen der an einer bestimmten Region interessierten Regierungen instrumentalisiert werden, als daß sie von sich aus den schon vorhandenen 'Kitt' zur Bildung übernationaler Interessen und Allianzen im Sinne der betroffenen Staaten darstellen."*[321]

Daraus resultiert:

Religion war weder Grund noch Auslöser des Krieges. Obwohl die serbisch-orthodoxe Kirche ein gespaltenes Verhältnis zur Belgrader Führung aufwies, war kein starker kirchlicher bzw. religiöser Einfluß auf die Regierung zu spüren. Eher trat das Gegenteil ein. Nur dort, wo eine Interessengemeinschaft zwischen Staat und Kirche, im weiteren Sinne zwischen Religion und Politik bestand, kam es zur Kooperation. Allgemein besteht jedoch, aufgrund der langjährigen sozialistischen Herrschaft in Jugoslawien, eher eine Frontstellung zwischen Staat und Kirche. Die Kirche hat sich allerdings in Krisenzeiten immer zum Hüter der serbischen Kultur erklärt. Dies zeichnet sich auch heute angesichts der schwierigen Lage der im Kosovo verbliebenen Serben ab. Die Kirche nimmt hier eine Schutzfunktion wahr und macht sich zum Sprecher der Minderheit. Umgekehrt bedeutet dies, daß Priester und kirchliche Einrichtungen zur Zielscheibe der ethnisch motivierten Gewalt werden. Dies ist insbesondere nach Ende des Krieges geschehen, quasi als Rache für die zerstörten Moscheen und das von Serben begangene Unrecht. Wenn heute die Religiosität im Kosovo ansteigt und das islamische Element der albanischen Kultur betont wird, so ist dies sicherlich auch

---

[320] Kalnoky, Boris: Im Kosovo war Religion eher Ausrede als Kriegsgrund, <http://www.welt.de/daten/ 2000/05/20/0520eu169326.htx>

[321] Dittmer, S. 169. Allerdings erscheint die Sichtweise der Autorin, Kultur sei lediglich "Kapital im Kampf um Anerkennung, Identität und Macht" (Ebd., S. 171), ebenso grob vereinfachend wie Huntingtons Theorie selbst.

Folge der langjährigen staatlichen Unterdrückung und somit Ausdruck der neu gewonnenen Freiheit. Dies ist von einem religiösen Fundamentalismus weit entfernt. Das gleiche gilt für die serbisch-orthodoxe Kirche, die ihr Verhältnis zur neuen Regierung erst bestimmen muß.

Der Zerfall Jugoslawiens hatte seine Ursprünge in der Unfähigkeit und dem fehlenden Willen der Politik, eine neue Föderationsordnung zu schaffen, die den Bedürfnissen aller im Staatsverband lebenden Völker gerecht geworden wäre. Daß dies einerseits notwendig und andererseits aber unmöglich war, beweist den Einfluß von kultureller Identität – Nur das, was bereits an Vorbehalten und Vorurteilen gegenüber den anderen Volksgruppen existierte, ließ sich schließlich im Krieg (nicht zuletzt von der Kirche) instrumentalisieren. Von daher könnte man hier auf den ersten Blick einen „Zusammenprall der Kulturen" vermuten. Betrachtet man allerdings die staatliche und internationale Ebene, so zeigt sich, daß sich die Politik nicht nach Kulturzugehörigkeit, sondern nach realen, zumeist sicherheitspolitischen oder ökonomischen Interessenlagen richtet. Nur wenn sich diese mit „kultureller Nähe" zwischen Staaten decken, wird Kulturzugehörigkeit thematisiert. Der COC geht aber davon aus, daß es gerade die Staaten sein werden, die gemäß kultureller Zugehörigkeit handeln. Dies war, wie gezeigt, eindeutig nicht der Fall. Ob Huntingtons Theorie in der Lage sein wird, zukünftige Konflikte zu erklären, bleibt abzuwarten. Bis dahin gilt für die Theorie vom "Kampf der Kulturen":

„Der Gebrauchswert solcher populärer Veröffentlichungen liegt vor allem darin, ein Zentrum kritischer Reflexionen zu bilden."[322]
Eine Unvermeidbarkeit des Krieges, wie sie von Huntington suggeriert wird, kann nicht eindeutig festgestellt werden. Huntingtons Modell unterstellt eine gewisse Zwangsläufigkeit von Konflikten und Kriegen (weil Kulturzugehörigkeit etwas festes sei und sich das kulturelle Bewußtsein in Zukunft weltweit verstärken werde). Das Bild, das sich nach Ende des Kosovo-Krieges bietet, ist jedoch komplexer. Einerseits kam es auch weiterhin zu ethnisch motivierter Gewalt, sagten sich einige radikale Albaner von ihrer Schutzmacht NATO los und setzten ihre Angriffe auf serbische Zivilisten und jugoslawische Grenzpolizisten fort. Andererseits hat

---

[322] Bredow, S. 116.

sich mit dem Machtverlust Miloševićs die serbisch-jugoslawische Politik gegenüber dem Westen drastisch geändert: Jugoslawien arbeitet seit November 2000 wieder in der OSZE mit und bemüht sich um Wiederaufbauhilfen der EU. Die Frage, ob ein Konflikt (wie der zwischen Albanern und Serben) *unausweichlich* war, kann zwar in der Theorie Huntingtons gestellt, nicht aber zwingend eindeutig beantwortet werden. Fest steht, daß die Chancen auf eine Kompromißlösung, die für beide Seiten akzeptabel wäre, angesichts der politischen und ökonomischen Verhältnisse, gering waren. Dem Krieg ging eine gezielte propagandistische Tätigkeit voraus. Ebenso kam es auf allen Seiten zu einer Reihe von Fehleinschätzungen, die erst in ihrem Zusammenwirken ein solches Ausmaß des Krieges ermöglichten. Dies sind Hinweise darauf, daß hier keine Unvermeidbarkeit vorlag. Mit zunehmender Aggressivität der jugoslawischen Sicherheitskräfte wuchs der Wunsch der Albaner nach staatlicher Unabhängigkeit. Inwieweit die radikalen Albanerführer bereit sind, dieses Ziel auch gegen die Interessen des Westens zu verfolgen, wird sich zeigen. Die derzeitige, spannungsgeladene Situation, besonders an der Grenze zum serbischen Kernland, ist für alle Seiten unbefriedigend, ebenso wie der rein juristische Verbleib des Kosovo innerhalb Serbiens.

Insgesamt erscheint Huntingtons Reaktion[323] auf die geäußerte Kritik ungenügend. Jeder Konflikt, in dem die Parteien aus unterschiedlichen Kulturkreisen stammen, wird als Beweis für Huntingtons „Paradigma" ausgegeben, andere Konflikte werden von diesem nicht erklärt, „müssen dies auch nicht". Eine derartige Absicherung trägt nicht zur Glaubwürdigkeit bei, sondern verstärkt eher die vorherrschenden Zweifel. Sieht man allerdings überall dort, wo Flaggen wehen,[324] bereits den Ausdruck von kulturellem Stolz, gar von Nationalismus oder religiösem Fanatismus, so lassen sich in der Tat eine große Zahl vermeintlicher Anzeichen für Huntingtons Theorie finden.

Sieht man von den weitreichenden Prognosen Huntingtons ab, erscheint zumindest eine der zugrundeliegenden Annahmen brauchbar: das Konzept der Kernstaaten. Die USA und Rußland waren, obwohl der Konflikt an der weiteren Peripherie ihrer alten Einfluß-

---

[323] Siehe Kapitel 2.2. und Huntingtons Aufsatz „If Not Civilizations, What?, a.a.O., S. 186-194.
[324] Huntington, COC, S. 19 leitet dementsprechend auch mit dem Thema „Flaggen" in die Theorie ein.

kreise des Kalten Krieges stattfand, Hauptakteure: die USA auf der militärischen Ebene, Rußland bei der Aushandlung der Friedenslösung. Ob daraus jedoch ein gestiegener Einfluß auf die jeweiligen Kulturkreise resultieren wird, ist zur Zeit nicht zu erkennen. Die Staaten Westeuropas, denen die technische Abhängigkeit von den USA deutlich wurde, haben durch den Kosovo-Krieg Impulse für den Aufbau eigener Krisenreaktionskräfte erhalten. Dies zeichnete sich bereits auf dem Treffen des europäischen Rats in Helsinki am 11. und 12. Dezember 1999 ab, wo der Aufbau einer entsprechenden Armee bis zum Jahre 2003 beschlossen wurde. Die Truppen in Stärke von 50.-60.000 Soldaten sollen der angestrebten gemeinsamen Außen- und Sicherheitspolitik Nachdruck verleihen.[325]

Albaner wie Serben sahen sich als Opfer der Geschichte, jeweils von der Gegenseite um den rechtmäßigen Besitzanspruch auf das Kosovo betrogen. Die eigene Wahrnehmung als „Opfer" birgt Gefahren, da sie die vermeintlich einfache Identifizierung eines Feindes als „Täter" zuläßt. Die Wahrheitssuche, zumindest aber die Fähigkeit zu einer rationalen Analyse wird dann behindert, wenn geschichtliche Ideen und Ereignisse zu eng mit der eigenen Identität in Verbindung gebracht werden.[326]

Serben und Albaner wurden erst zu Rivalen, als sich Ende des 19. Jahrhunderts Nationalbewegungen zu etablieren begannen und die Frage der Volkszugehörigkeit politisch nutzbar gemacht werden konnte. Die Forderung, Serbien müsse sich aufgrund seiner Kultur und Tradition mit Rußland verbünden, findet sich auch heute noch bei ultranationalistischen Politikern.[327]

Milošević verdankte sein langjähriges politisches Überleben machtpolitischem Taktieren nach innen wie nach außen, anfangs mit sozialistischer Reformrhetorik, danach mit der Idee des serbischen

---

[325] Schlußfolgerungen des Vorsitzes des Europäischen Rates am 10. und 11. Dezember 1999 in Helsinki (gekürzt), dok. in: Internationale Politik 2 (2000), S. 97ff, zit. nach Giersch, Carsten: Die Europäische Union und der Krieg in Kosovo, in: , in: Bayerische Landeszentrale für politische Bildungsarbeit (Hg.): Der Kosovo-Konflikt - Ursachen - Akteure - Verlauf, München 2000, S. 512.

[326] Mertus, Julie A.: Kosovo: how myths and truths started a war, Berkeley, Los Angeles 1999, S.1.

[327] „Ich würde bis zum Ende gehen" - Radikalen-Führer Vojislav Seselj über die Notwendigkeit von Neuwahlen und die Zukunft Jugoslawiens, in: Der Spiegel Nr. 26/ 1999, zit. nach <http://www.spiegel.de/spiegel/0,1518,28985,00.html>

Nationalismus. Der Erfolg der neuen Belgrader Regierung wird sich im wesentlichen an der Geschwindigkeit des wirtschaftlichen Wiederaufbaus und der Anhebung des Lebensstandards messen lassen. Dies kann nicht durch den Rückgriff auf Mythen oder die vermeintliche slawische Bruderschaft geschehen, sondern nur durch die Hinwendung zu Europa. Diese dürfte sich allerdings aufgrund der Wunden, die der Krieg hinterließ, und angesichts der noch immer instabilen sicherheitspolitischen Lage im Kosovo und den angrenzenden Gebieten, schwierig gestalten.

6. Ausblick

Wie stellt sich Huntingtons Theorie nach den Anschlägen vom 11. September 2001 dar? Es kam zu einer Neuauflage der Diskussion, auch war ein gestiegenes Interesse an den Auswirkungen der Theorie auf die zukünftige Politik festzustellen. In gewisser Weise sahen sich Befürworter wie Gegner bestätigt, dokumentierten doch die Anschläge einerseits den Haß islamischer Extremistengruppen auf die USA, andererseits die gestiegene globale Vernetzung durch die weltweiten, insbesondere psychologischen und wirtschaftlichen Auswirkungen. Die Globalisierung zeigte sich hierbei in einer doppelten Rolle: weltweit operierende terroristische Netzwerke nutzen die Verflechtung der Märkte zur Finanzierung ihres Kampfes,[328] der sich letztendlich gegen die – als globale Amerikanisierung verstandene – Globalisierung selbst richtet.

Huntington attestiert den Moslems eine Form der Globalisierung, nämlich den Gedanken, den Islam in der Welt zu verbreiten. Was die Grundaussagen seiner Theorien betrifft, ist Huntington allerdings vorsichtig geworden. Auf die Frage, ob sich der gesamte Islam im Krieg mit dem Westen befände, antwortet er: „Nein. Wir dürfen nicht den Fehler machen und von einem Kampf der Kulturen sprechen. Damit würden wir bin Laden in die Hände spielen."[329] Die Befürchtung Huntingtons, Öl ins Feuer zu gießen und die Bestrebungen von Extremistengruppen zu unterstützen, ist verständlich,[330] doch bleibt eine wirkliche Begründung, warum – ausgerechnet dieser symbolträchtige Anschlag islamischer Terroristen gegen den westlichen *Kernstaat*, die Vereinigten Staaten – keinen „Kampf der Kulturen" darstellt, aus. Andernorts hat Huntington jedoch die Terroranschläge

---

[328] Huntington selbst hat dies in einem Welt-Interview bereits im Januar 2001 zum Ausdruck gebracht. „Das Transatlantische Verhältnis wird sich rapide verändern", in: Die Welt vom 29.1.2001, zit. nach <http://www.welt.de/daten /2001/ 01/29/0129au 218849.htx>

[329] „Das ist kein Kampf der Kulturen", Interview mit Samuel P. Huntington, in: Die Welt, zit. nach http://www.welt.de/daten/2001/11/04/1104wi293368.htx

[330] Die Bush-Administration hat - trotz ihrer Kreuzzugsrhetorik - immer auch betont, bei dem weltweiten „Anti-Terror-Kampf" handele es sich nicht eine Auseinandersetzung zwischen den USA und dem Islam als solchem. Dies reflektiert die Befürchtungen, die Ausweitungen der Militäraktionen, etwa gegen den Irak, könne die moslemische Welt in einem weitaus stärkeren Maße gegen die Vereinigten Staaten mobilisieren als dies zu Zeiten des Golfkrieges der Fall war.

gegen die USA direkt in den Zusammenhang mit seiner Theorie gebracht.[331]

Interessant ist, daß Huntington auch zu den Unterzeichnern der Erklärung "What We're Fighting For"[332] gehört, in dem der amerikanische „Krieg gegen den Terror"[333] als „gerechter Krieg" bezeichnet wird. Das vermeintliche Eingeständnis, die USA hätten ihre Ideale zu oft zugunsten einer ungerechten Politik geopfert, wird hier dazu umfunktioniert, die heutigen Militäraktionen zu rechtfertigen. Die weltweite Auseinandersetzung, die, von Seiten der Islamisten wie von Seiten der Bush-Regierung als einfacher Kampf des Guten gegen das Böse, des Moralischen gegen das Unmoralische bezeichnet wird, benötigt freilich eine derartige Legitimation durch US-Intellektuelle nicht.

Huntington, der den schwinden Einfluß des Nationalstaates prophezeite, kann sich in einer Zeit der Vereinfachungen nach dem Motto „Wir alle sind Amerikaner!" eines gestiegenen öffentlichen Interesses bewußt sein. Es ist jedoch nicht abzusehen, daß nationalstaatliche Interessenpolitik ihren Charakter als solche verliert, wenn sie scheinbar in den Dienst übergeordneter – und konstruierter - Wertegemeinschaften gestellt wird.

---

[331] Huntington, Samuel P.: "The Age of Muslim Wars", in: Newsweek vom 17. Dezember 2001, S. 14-19.
[332] Washington Post vom 12.Februar 2002.
[333] Eine Bezeichnung, die auch hierzulande in nahezu allen Medien übernommen wurde und die monatelang die Berichterstattung zum Krieg in Afghanistan prägte.

Literatur

Ahlers, Ingolf: „Rechtsintellektuelle Deutungsmacht und okkupierende Theoriebildung. Anmerkungen zum Zivilisations-Paradigma von Samuel D. Huntington" in: Kreutzer, Leo / Peters, Jürgen (Hg.) Welfengarten. Jahrbuch für Essayismus, Hannover 1996, S.100-121 zit. nach http://www.soz.uni-hannover.de/ipol/coc.htm

Ajami, Fouad: The Summoning, in: Foreign Affairs Vol. 72 No. 4 (1993), S. 2-9

Alfred Herrhausen Gesellschaft für internationalen Dialog (Hg.): Kampf der Kulturen oder Weltkultur? Diskussion mit Samuel P. Huntington, Frankfurt/Main April 1997

Bremer, Thomas: Die Religionsgemeinschaften im ehemaligen Jugoslawien (Teil 2), in: Melcic, Dunja: Der Jugoslawien-Krieg, Opladen / Wiesbaden 1999, S. 235-248

Buhbe, Matthes: Türkei - Politik und Zeitgeschichte (Studien zu Politik und Gesellschaft des Vorderen Orients Bd. 2), Opladen 1996

Butterwegge, Christoph: Fundamentalismus und Gewalt als Grundmuster der Weltpolitik? Zur Kritik an Samuel P. Huntingtons These vom „Kampf der Kulturen", in: Bukow, Wolf-Dietrich / Ottersbach, Markus (Hg.): Fundamentalismusverdacht – Plädoyer für eine Neuorientierung im Umgang mit allochthonen Jugendlichen, Opladen 1999, S. 36-51

Chomsky, Noam: Zur Logik des militärischen Humanismus, in: Blätter für deutsche und internationale Politik 4/2000 S. 423ff

Clewing, Conrad: Mythen und Fakten zur Ethnostruktur des Kosovo - Ein geschichtlicher Überblick, in: Bayerische Landeszentrale für politische Bildungsarbeit (Hg.): Der Kosovo-Konflikt - Ursachen - Akteure - Verlauf, München 2000, S. 17-63

Crocker, Jarle / Rubenstein, Richard E.: Challenging Huntingon, in: Foreign Policy No 96 (Fall 1994), S. 113-128

Dreyer, Michael: Kosovo Polje - Der Mythos Serbiens, in: Dicke, Klaus/Hubel, Helmut (Hg.): Die Krise im Kosovo, Erfurt 1999, S. 3-14

Dittmer, Stephanie: Religion als Ressource im "Kampf der Zivilisationen"? Zum Zusammenhang ethnischer Mobilisierung und kultureller Differenz, in: Zentrum für Europa- und Nordamerika-Studien (Hg.): Religion und Politik. Zwischen Universalismus und Partikularismus (Jahrbuch für Nordamerika-Studien 2), Opladen 2000, S. 139-177

Dufner, Ulrike: Islamismus in der Türkei, in: Rill, Bernd (Hg.): Aktuelle Profile der islamischen Welt (Berichte und Studien der Hanns-Seidel-Stiftung e.V.), München 1998

Duijzings, Ger: Religion and the Politics of Identity in Kosovo, London 2000

Eicher, Claudia: Albanien und die Krise in Kosova: Blessing in Disguise, in: Lutz, Dieter S. (Hg.): Der Krieg im Kosovo und das Versagen der Politik (Demokratie, Sicherheit, Frieden Band 128), Baden-Baden 2000, S. 389-434

Eichner, Klaus / Schmidt-Eenboom, Erich: Die Rolle der Geheimdienste bei der Vorbereitung und Durchführung des Krieges, in: Richter, Wolfgang / Schmähling, Elmar / Spoo, Eckart (Hg.): Die Wahrheit über den NATO-Krieg gegen Jugoslawien, Schkeuditz 2000, S. 157-174

Eickhoff, Ekkehard: Turkey and Europe: The Evolution of Their Relationship, in: Bagci, Hüsein / Janes, Jackson / Kühnhardt, Ludger (Hg.): Parameters of Partnership: The U.S. - Turkey - Europe (Schriften des Zentrums für Europäische Integrationsforschung Bd. 14), Baden-Baden 1999

Erhardt, Hans-Georg / Karádi, Matthias Z.: Krieg auf dem Balkan. Lage, Interessen, Optionen, Lehren und Perspektiven, in: Lutz, Dieter S. (Hg.): Der Krieg im Kosovo und das Versagen der Politik (Demokratie, Sicherheit, Frieden Band 128), Baden-Baden 2000, S. 179-213

Franz, Erhard: Türkei: Säkularismus und Islamismus in der Türkei, in: Hafez, Kai (Hg.): Der Islam und der Westen, Frankfurt 1997, S 139-149

Fukuyama, Francis: Das Ende der Geschichte. Wo stehen wir?, München 1992

Giersch, Carsten: Die Europäische Union und der Krieg in Kosovo, in: , in: Bayerische Landeszentrale für politische Bildungsarbeit (Hg.): Der Kosovo-Konflikt - Ursachen - Akteure - Verlauf, München 2000, S. 512

Grabert, Horst: Die vielen Gesichter des Kosovo-Krieges, in: Albrecht, Ulrich / Schäfer, Paul: Der Kosovo-Krieg: Fakten - Hintergründe - Alternativen, Köln 1999, 2. Aufl., S. 18-38

Grenberg, Robert D.: Language Politics in the Federal Republic of Yugoslavia: The Crisis over the Future of Serbian, in: Slavic Review Vol. 59 No. 3 (Fall 2000), S. 625-640

Grulich, Rudolf: Die Religionsgemeinschaften im ehemaligen Jugoslawien

(Teil 1), in: Melcic, Dunja: Der Jugoslawien-Krieg, Opladen / Wiesbaden 1999, S. 227-234

Gurr, Ted Robert: Ethnic Warfare on the Wane, in: Foreign Affairs Vol. 79 No 3 (May/June 2000), S. 52-64

Hafez, Kai: Der Islam und der Westen – Kampf der Zivilisationen? Einleitung, in: ders.: Der Islam und der Westen, Frankfurt 1997, S. 15-27

Harrison Lawrence E. / Huntington, Samuel P.(Hg.): Culture matters - how values shape human progress, New York 2000

Herzog, Roman: Interkultureller Dialog versus globale Kulturkriege. (Laudatio anläßlich der Verleihung des Friedenspreises des Deutschen Buchhandels an Frau Annemarie Schimmel, 15. Oktober 1995, in: Herzog, Roman: Wider den Kampf der Kulturen. Eine Friedensstrategie für das 21. Jahrhundert, Leck 1999, S. 17-30

Hetzer, Armin: Kultur und Konflikt im Kosovo, in: Bayerische Landeszentrale für politische Bildungsarbeit (Hg.): Der Kosovo-Konflikt - Ursachen - Akteure - Verlauf, München 2000, S. 105-115

Hottinger, Arnold: Der Islam in der heutigen Türkei, in: Schwarz, Jürgen: Der politische Islam - Intentionen und Wirkungen, Politik- und Kommunikationswissenschaftliche Veröffentlichungen der Görres-Gesellschaft Bd. 8, Paderborn, München, Wien u.a. 1993

Ders.: Ein Krieg der Zivilisationen?, in: Rill, Bernd (Hg.): Aktuelle Profile der islamischen Welt, Berichte und Studien der Hanns-Seidel-Stiftung eV, München 1998, S.53-59

Hubel, Helmut, Thesen zu „Deutschland, Europa und die USA im Krieg um das Kosovo und die Kosovo-Albaner", in: Dicke, Klaus/Hubel, Helmut (Hg.): Die Krise im Kosovo, Erfurt 1999, S. 14-19

Hummel, Hartwig / Wehrhöfer, Birgit: Geopolitische Identitäten, in: Welttrends. Internationale Politik und vergleichende Studien N. 12 (Herbst 1996), S. 7-34

Hunter, Shireen T.: The Future of Islam and the West : Clash of Civilizations or Peaceful Coexistence? Westport 1998

Huntington, Samuel P.: America's changing strategic interests, in: Survival Vol. XXXIII No. 1 (1991), S. 3-17

Ders.: "The Age of Muslim Wars", in: Newsweek vom 17.Dezember 2001, S. 14-19

Ders.: The Clash of Civilizations and the Remaking of World Order, New

York 1996

Ders.: The Clash of Civilizations?, in: Foreign Affairs Vol. 72 No. 3 (1993), S. 22-49

Ders.: If Not Civilizations, What? Paradigms of the Post-Cold War World, in: Foreign Affairs Vol. 72 No. 5 (1993), S. 186-194

Ders.: The Erosion of American National Interests, in: Foreign Affairs Vol. 76 No. 5 (1997), S. 28-49

Ders.: The Lonely Superpower, in: Foreign Affairs Vol. 72 No. 5 (1993), S. 35-49

Ders.: The Third Wave - Democratization in the Twentieth Century, Norman, London 1991

Ders.: The West - Unique, Not Universal, in: Foreign Affairs Vol. 75 No. 6 (1996), S. 28-46

Jervis, Robert: War and Misperception, in: Rotberg, Robert I. / Rabb, Theodore K.: The Origin and Prevention of Major Wars, Cambridge 1994, S. 101-126

Judah, Tim: Kosovo - War and Revenge, New Haven, London 2000

Karádi, Matthias: Terroristen oder Freiheitskämpfer ? Die Metamorphosen der UÇK , in: Lutz, Dieter S. (Hg.): Der Krieg im Kosovo und das Versagen der Politik (Demokratie, Sicherheit, Frieden Band 128), Baden-Baden 2000, S.379-387

Karawan, Ibrahim A.: The Muslim World: Uneasy ambivalence, in: Schnabel, Albrecht / Thakur, Ramesh (ed.): Kosovo and the challenge of humanitarian intervention: selective indignation, collective action, and international citizenship, S. 215-222

Khan, Mansur: Das Kosovo-Komplott – Vom Balkankrieg zur US-Weltherrschaft, Tübingen 2000

Kirkpatrick, Jeane J. and others: The Modernizing Imperative, in: Foreign Affairs Vol. 72 No. 4 (1993), S. 22-26

Kostakos, Georgios: The Southern Flank: Italy, Greece, Turkey, in: Schnabel, Albrecht / Thakur, Ramesh (ed.): Kosovo and the challenge of humanitarian intervention: selective indignation, collective action, and international citizenship, S. 166-180

Kraft, Ekkehard: Griechenland und der Kosovo-Konflikt, in: Bayerische Landeszentrale für politische Bildungsarbeit (Hg.): Der Kosovo-Konflikt -

Ursachen - Akteure - Verlauf, München 2000, S. 267-280

Kreile, Renate: Islamischer Internationalismus oder realpolitischer Pragmatismus? Zwei Jahrzehnte Außenpolitik der islamischern Republik Iran, in: APuZ B 19/99, S. 3-13

Kuhn, Thomas S.: Die Struktur wissenschaftlicher Revolutionen, Frankfurt am Main 1989 (zweite revidierte und um das Postskriptum von 1969 ergänzte Auflage)

Lapid, Yosef: Culture's Ship: Returns and Departures in International Relations Theory, in: Lapid, Yosef / Kratochwil, Friedrich (Hg.): The Return of Culture and Identity in IR Theory, Boulder, London 1996

Lutz, Dieter S.: „Dirty Secrets" oder: War der Kosovo-Krieg wirklich unabwendbar?, in: Lutz, Dieter S. (Hg.): Der Krieg im Kosovo und das Versagen der Politik (Demokratie, Sicherheit, Frieden Band 128), Baden-Baden 2000, S.323-328

Magnusson, Kjell: Wie der Kosovo-Konflikt begann, in: Bittermann, Klaus / Deichmann, Thomas (Hg.): Wie Dr. Joseph Fischer lernte, die Bombe zu lieben. Die Grünen, die SPD, die Nato und der Krieg auf dem Balkan, Berlin 1999, S. 17-25

Malcolm, Noel: Kosovo - a Short History, London, Basingstoke 1998

Maliqi, Shkëlzen: Die politische Geschichte des Kosovo, in: Melcic, Dunja: Der Jugoslawien-Krieg, Opladen / Wiesbaden 1999, S. 120-134

Mandelbaum, Michael: A Perfect Failure – NATO's War against Yugoslavia, in: Foreign Affairs Vol. 78 No 6 (1999), S. 2-8

Markovic, Milo: Gewaltige Schäden an der kulturellen Substanz Jugoslawiens, in: Richter, Wolfgang / Schmähling, Elmar / Spoo, Eckart (Hg.): Die Wahrheit über den NATO-Krieg gegen Jugoslawien, Schkeuditz 2000, S. 239-242

Marshall, Gordon (ed.): The Concise Oxford Dictionary of Sociology, Oxford, New York 1994

Maurer, Reinhart: Kultur, in: Handbuch philosophischer Grundbegriffe, Studienausgabe Bd. 3, München 1973, S. 823-832

Mertus, Julie A.: Kosovo: how myths and truths started a war, Berkeley, Los Angeles 1999

Mønnesland, Svein: Land ohne Wiederkehr. Ex-Jugoslawien: Die Wurzeln des Krieges, Klagenfurt, Celovec 1997

Müller, Harald: Das Zusammenleben der Kulturen. Ein Gegenentwurf zu Huntington, Frankfurt am Main 1998

Mutz, Reinhard: Die Axt an der westlichen Werteordnung, in: Lutz, Dieter S. (Hg.): Der Krieg im Kosovo und das Versagen der Politik (Demokratie, Sicherheit, Frieden Band 128), Baden-Baden 2000, S.161-165

Ohme, Heinz: Das Kosovo und die Serbische Orthodoxe Kirche – Öffentlicher Vortrag, 14. Juni 1999, Berlin (Broschüre)

Oschlies, Wolf: Montenegro - auf zum letzten Gefecht?, in: Bayerische Landeszentrale für politische Bildungsarbeit (Hg.): Der Kosovo-Konflikt - Ursachen - Akteure - Verlauf, München 2000, S. 247-258

Ders.: Russische Balkanpolitik – Mythos in realpolitischer Bewährung?, in: Bundesinstitut für ostwissenschaftliche und internationale Studien (Hg.): Rußland in Europa? Innere Entwicklungen und internationale Beziehungen – heute, Köln, Weimar, Wien 2000, S. 229-240

Österreichisches Institut für Internationale Politik (Hg.): Samuel Huntingtons Clash of Civilizations – Ein neuer Versuch, die Welt zu ordnen (Bearbeitung: Katrin Simhandl), Laxenburg 1998

Paulsen, Thomas: Die Jugoslawien-Politik der USA 1989-1994. Begrenztes Engagement und Konfliktdynamik (Aktuelle Materialien zur Internationalen Politik, Bd. 39), Baden-Baden 1995

Petritsch, Wolfgang / Kaser, Karl / Pichler, Robert: Kosovo – Kosova. Mythen – Daten - Fakten, Klagenfurt, Wien, Ljubljana u.a. 1999

Ramet, Sabrina Petra: Balkanbabel – The Disintegration of Yugoslavia from the Death of Tito to Ethnic War, Boulder, Oxford 1996

Dies.: Die politische Strategie der Vereinigten Staaten in der Kosovo-Krise: Parteipolitik und nationales Interesse, in: Bayerische Landeszentrale für politische Bildungsarbeit (Hg.): Der Kosovo-Konflikt - Ursachen - Akteure - Verlauf, München 2000, S. 365-380

Reuter, Jens: Die Entstehung des Kosovo-Problems, in: Aus Politik und Zeitgeschichte B 34/99, S.3-10

Ders.: Wer ist die UÇK?, in: Blätter für deutsche und internationale Politik Bd. 3/1999, S. 281-284

Rieks, Ansgar / Weigold, Dieter: Der Kosovo-Konflikt – eine militärpolitische Auswertung, in: Krause, Joachim (Hg.): Kosovo – Humanitäre Intervention und kooperative Sicherheit in Europa, Opladen 2000, S.13-53

Rohde, David: Kosovo Seething, in: Foreign Affairs Vol. 79 No 3 (2000), S. 65-77

Rüb, Matthias: "Phönix aus der Asche" - Die UÇK: Von der Terrororganisation zur Bodentruppe der NATO?, in: Schmid, Thomas: Krieg im Kosovo, Hamburg 1999, S. 47-62

Ders.: Jugoslawien unter Milošević, in: Melcic, Dunja: Der Jugoslawien-Krieg, Opladen / Wiesbaden 1999, S. 332-344

Samary, Catherine: Weder Glaubenskrieg noch Völkerhaß - bosnische Muslime zwischen Teilungsplänen, Großmachtinteressen und islamischer Solidarität, in: Hafez, Kai (Hg.): Der Islam und der Westen, Frankfurt 1997, S. 150-161

Scharping, Rudolf: Wir dürfen nicht wegsehen. Der Kosovo-Krieg und Europa, Berlin 1999

Schmierer, Joscha: Der Kosovo-Krieg 1999, in: Melcic, Dunja: Der Jugoslawien-Krieg, Opladen, Wiesbaden 1999, S. 534-541

Schnabel, Albrecht: Political Cooperation in Retrospect: Contact Group, EU, OSCE, NATO, G-8 and UN Working toward a Kosovo Settlement, in: Krause, Joachim / Spillmann, Kurt R.: Kosovo: Lessons Learned for International Cooperative Security (Studies in Contemporary history and security policy, Vol. 5), Bern, Berlin, Bruxelles u.a. 2000, S. 21-44

Schubert, Peter: Der Kosovo-Konflikt und Albanien, in: Bayerische Landeszentrale für politische Bildungsarbeit (Hg.): Der Kosovo-Konflikt - Ursachen - Akteure - Verlauf, München 2000, S. 213-225

Senghaas, Dieter: Die fixe Idee vom Kampf der Kulturen, in: Blätter für deutsche und internationale Politik Nr. 2/1997, S. 215-221

Solana, Javier: NATO`s Success in Kosovo, in: Foreign Affairs Vol 78 No 6 (1999), S. 114-120

Stepanova, Ekaterina: Russlands Politik in der Kosovo-Krise, in: Krause, Joachim (Hg.): Kosovo –Humanitäre Intervention und kooperative Sicherheit in Europa, Opladen 2000, S. 147-166

Stroyen, William B.: Communist Russia and the Russian Orthodox Chruch 1943-1962, Washington 1967

Tibi, Bassam: Krieg der Zivilisationen, Hamburg 1995

Troebst, Stefan: Feuertaufe- Der Kosovo-Krieg und die Republik Makedonien, in: Bayerische Landeszentrale für politische Bildungsarbeit (Hg.): Der Kosovo-Konflikt - Ursachen - Akteure - Verlauf, München

2000, S. 227-245

Varwick, Johannes: Die EU nach dem Kosovo-Krieg, in: Krause, Joachim (Hg.): Kosovo – Humanitäre Intervention und kooperative Sicherheit in Europa, Opladen 2000,S. 185-200

Welfens, Paul J. J.: Der Kosovo-Krieg und die Zukunft Europas: Diplomatieversagen, Kriegseskalation, Wiederaufbau, Euroland, München 1999

Witte, Eric A.: Der Wiederaufbau des Kosovo: die ethnische Dimension, in: Krause, Joachim (Hg.): Kosovo –Humanitäre Intervention und kooperative Sicherheit in Europa, Opladen 2000, S. 169-184

Wolf, Winfried: Bombengeschäfte – zur politischen Ökonomie des Kosovo-Krieges, Hamburg 1999

Woolacott, Martin: Großbritannien und die Kosovo-Krise, in: Bayerische Landeszentrale für politische Bildungsarbeit (Hg.): Der Kosovo-Konflikt - Ursachen - Akteure - Verlauf, München 2000, S. 417-428

Yürüsen, Melih / Yayla, Attila: Die türkische Wohlfahrtspartei (Interne Studien der Konrad Adenauer-Stiftung Nr. 134 / 1997), Sankt Augustin 1997

Zumach, Andreas: "80 Prozent unserer Vorstellungen werden durchgepeitscht" - die letzte Chance von Rambouillet und die Geheimdiplomatie um den "Annex B", in: Schmid, Thomas: Krieg im Kosovo, Hamburg 1999, S.79

Internetseiten und namentlich nicht gekennzeichnete Artikel

„Das Transatlantische Verhältnis wird sich rapide verändern", Interview mit Samuel P. Huntington, in: Die Welt vom 29.1.2001, zit. nach <http://www.welt.de/daten/2001/01/29/0129au218849.htx>

"Es gab nie eine Alternative" - Außenminister Joschka Fischer über die Lehren aus dem Kosovo-Krieg, in: Der Spiegel 25/1999, zit. nach <http://www.spiegel.de/spiegel/0,1518,27850,00.html>

„Das ist kein Kampf der Kulturen", Interview mit Samuel P. Huntington, in: Die Welt vom 4.11.2001, zit. nach <http://www.welt.de/daten/2001/11/04/1104wi293368.htx>

"Europa ohne Trennungslinien" - Boris Jelzin über den Nato-Krieg in Jugoslawien und Rußland vor den Wahlen, in: Der Spiegel 25/1999 zit.

nach <http://www.spiegel.de/spiegel/0,1518,2 7862,00.html>

"Strohalm in der Gottlosigkeit", in: Der Spiegel Nr. 45 vom 6.11.2000, S. 258

„Ich würde bis zum Ende gehen - Radikalen-Führer Vojislav Seselj über die Notwendigkeit von Neuwahlen und die Zukunft Jugoslawiens" (Interview) in: Der Spiegel Nr. 26/1999, zit. nach <http://www.spiegel.de/spiegel/0,1518,28985,00.html>

„Kampf der Kulturen in Deutschland" (Interview mit Samuel P. Huntington) in: Zeitschrift der Historiker und Politologen der Uni München (No. 8/1999), zit. nach <http://www.sqr.de/hp/html/hp8/Huntington.html>

„Keine Beweise für Massaker von Raçak", in: Spiegel online 3/2001, zit. nach <http://www.spiegel.de /politik/ausland/0,1518,112775,00.html>

„Kosovo: Die Deutschen haben den Krieg mitgetragen", in: Bundesverband Deutscher Banken (Hg.): INTER/ESSE, 7/1999, S. 4-5

„Milošević, Slobodan", in: Bayerische Landeszentrale für politische Bildungsarbeit (Hg.): Der Kosovo-Konflikt - Ursachen - Akteure - Verlauf, München 2000, S. 544

„Nein zu russischer Zone", in: Spiegel online 24/1999, zi. nach <http://www.spiegel.de/politik /ausland/0,1518,27790,00.html>

„Rethinking U.S. Foreign Policy and Islam after Kosovo", in: Georgetown Journal of International Affairs online. zit. nach <http://cfdev.georgetown.edu/publications/journal/1_2.htm>

„Soldaten der KFOR nehmen albanischen Terroristen fest", in: Frankfurter Allgemeine Zeitung vom 3.1.2001, S. 2

Dokumente

Appell des Föderationsrates der Föderalen Versammlung der Russischen Föderation an die Parlamente der Länder der Welt, die Interparlamentarische Union, die Parlamentarische Versammlung der Organisation für Sicherheit und Zusammenarbeit in Europa, die Interparlamentarische Versammlung der Mitgliedsstaaten der Gemeinschaft der Unabhängigen Staaten (sic!) vom 26.März 1999 (inoffizielle Übersetzung)

Erklärung der Staatsduma der Russischen Föderation im Zusammenhang mit der Aggression der NATO gegen die Bundesrepublik Jugoslawien vom

27. März 1999 (inoffizielle Übersetzung)

Fernsehansprache des jugoslawischen Präsidenten Slobodan Milošević vom 24. März 1999 (Wortlaut), in: Blätter für deutsche und internationale Politik Nr. 5/1999, S. 632f

Stellungnahme des Präsidenten der Russischen Föderation Boris Jelzin vom 31. März 1999 (Wortlaut), in: Blätter für deutsche und internationale Politik Nr. 5/1999, S. 634

Ziele und Interessen der Vereinigten Staaten und der NATO im Kosovo. Fact Sheet des US-Außenministeriums vom 26. März 1999 (Wortlaut), in: Blätter für deutsche und internationale Politik Nr. 5/1999, S. 631f

Sonstiges

Blome, Nikolaus / Middel, Andreas: "Warum haben wir den Krieg gewonnen?", <http://www.welt.de/daten/2000/03/22/0322au158155.htx>

Englisch, Andreas: Der Krieg bringt den Frieden der Kirchen, <http://www.welt.de/daten/1999/05/10/0510au66060.htx>

Handbuch philosophischer Grundbegriffe, Studienausgabe Bd. 3, München 1973, S. 827f

Hartmann, Jens: Der Mythos vom Brudervolk, <http://www.welt.de/daten/1999/03/26/0326au63588.htx>

Huntington, Samuel P.: Keynote Address – Colorado College's 125th Anniversary Symposium: Cultures in the 21st century: Conflicts and Convergences, Delivered at Colorado College February 4th, 1999. Zit. nach: http//www.coloradocollege.edu/Academics/Anniversary/Transcripts/HuntingtonTXT.htm>

Kalnoky, Boris: Die Serben mußten einlenken, <http://www.welt.de/daten/1999/06/05/0605eu116836.htx >

Kalnoky, Boris: Im Kosovo war Religion eher Ausrede als Kriegsgrund, <http://www.welt.de/daten/2000/05/20/0520eu169326.htx>

Kalnoky, Boris: Serbiens Kirche kämpft um das Kosovo, <http://www.welt.de/daten/1999/06/18/0618 eu118243.htx>

Schütt, Peter: "Im Kosovo schlägt heute das Herz aller Moslems", <http://www.welt.de/daten/ 1999/06/26/0626au119556.htx>

SIPRI Yearbook 2000 – Armaments, Disarmament and International Security, Oxford, New York 2000

www.ingramcontent.com/pod-product-compliance
Lightning Source LLC
Chambersburg PA
CBHW020128010526
44115CB00008B/1029